本书出版得到

国家重点文物保护专项补助经费资助

龙泉瓦窑垟与瓦窑路

浙江省文物考古研究所

北京大学考古文博学院　编著

龙 泉 青 瓷 博 物 馆

文物出版社

北京·2023

图书在版编目（CIP）数据

龙泉瓦窑垟与瓦窑路 / 浙江省文物考古研究所, 北京大学考古文博学院, 龙泉青瓷博物馆编著. -- 北京：文物出版社, 2023.12

ISBN 978-7-5010-8286-5

Ⅰ. ①龙… Ⅱ. ①浙… ②北… ③龙… Ⅲ. ①龙泉窑－青瓷(考古)－研究 Ⅳ. ①K876.34

中国国家版本馆CIP数据核字(2023)第234203号

地图审核号：浙丽S（2023）11号

浙江省文物考古研究所田野考古报告　第 56 号

龙泉瓦窑垟与瓦窑路

编　　著：浙江省文物考古研究所
　　　　　北京大学考古文博学院
　　　　　龙 泉 青 瓷 博 物 馆

责任编辑：谷艳雪　王　媛
责任印制：张道奇

出版发行：文物出版社
社　　址：北京市东城区东直门内北小街2号楼
邮　　编：100007
网　　址：http://www.wenwu.com
经　　销：新华书店
印　　刷：天津裕同印刷有限公司
开　　本：889mm×1194mm　1/16
印　　张：14
版　　次：2023年12月第1版
印　　次：2023年12月第1次印刷
书　　号：ISBN 978-7-5010-8286-5
定　　价：360.00元

Field Archaeological Report No.56

Zhejiang Provincial Institute of Cultural Relics and Archaeology

Longquan Wayaoyang and Wayaolu Kiln Sites

(With an English Abstract)

by

Zhejiang Provincial Institute of Cultural Relics and Archaeology

School of Archaeology and Museology of Peking University

Museum of Longquan Celadon

Cultural Relics Press

Beijing • 2023

目 录

插图目录

彩图目录

前　言

沈岳明

　　龙泉窑黑胎青瓷历来是被人们关注的产品，其相对较小的器形、规整的造型和接近南宋官窑的胎釉特点，以及多仿古礼器造型的审美取向，表明了与其他大宗产品使用对象和功用的不同，因而对这类产品的性质，也出现了从官窑、仿官到哥弟窑的争论，对其年代也没有一个明确的说法。相关研究不是限于简单的介绍，浮光掠影，就是单纯的比较，流于推测，始终未能取得统一的意见，也没有相对权威的观点。

　　造成上述情况的主要原因之一是没有一次较为全面的考古发掘，人们只能从以往宫廷收藏品和零星出土的器物来臆断这类产品的功用。也就是说，以前的调查和发掘未能提供足够的地层材料来全面反映这类产品的器物特点和组合、工艺特征，乃至生产管理方式等问题。因此，对龙泉窑黑胎青瓷窑址的调查和发掘一直以来都受到学界的极大关注。人们期望通过发掘能够找到比较明确的地层和窑炉、作坊等遗迹，从而对这类器物的生产情况有更为全面的认识，为龙泉窑黑胎青瓷的研究奠定基础，也可以对龙泉窑面向宫廷和士大夫阶层审美取向的产品有更为深入的认识，探索龙泉黑胎青瓷窑区的生产性质和宋代龙泉窑与宫廷之间的关系，进而研究其与传世哥窑和南宋官窑之间的关系，丰富对宋元时期龙泉窑生产总体情况的认识。

　　2003年开始，越窑的考古研究告一段落，我们有了逐步转向对龙泉窑进行调查、发掘和研究的想法。在工作开展之前，我们对龙泉窑研究中存在的主要问题进行了梳理，找出了龙泉窑研究中需要重点关注的问题以及比较迫切需要解决的问题，如龙泉窑的始烧问题、北宋龙泉窑宫廷制样须索问题、龙泉黑胎青瓷相关问题、明代龙泉窑官器问题等，而最先进入我们视野的便是宋代黑胎青瓷问题。不过在向我所前辈牟永抗先生请教关于龙泉窑考古工作时，牟先生说出了自己对黑胎青瓷考古工作的担心：龙泉黑胎青瓷最为典型的溪口瓦窑垟窑址自民国以来经历了大规模的盗掘，原生地层堆积恐怕已经无存。牟先生建议是否可以先从晚段龙泉窑做起，这才有了2006年枫洞岩窑址的发掘。不过龙泉黑胎青瓷问题仍时时在脑海中出现，故在对枫洞岩窑址发掘材料进行整理且报告撰写基本完成后的2010年，我们又把目光重新转向了龙泉黑胎青瓷问题。

　　关于龙泉黑胎青瓷，很早就被学者所关注。1928年起，陈万里先生开始对龙泉窑进行实地调查，黑胎青瓷即是其重点关注的课题之一："关于研究龙泉青瓷之最大问题，多少年来横梗于我之胸间者，即为章生一窑之烧造地点。其在大窑耶，抑另有地耶，此其一。所谓章生一之哥窑，究属何种物品；所谓百圾碎，所谓紫口铁足，又作何状，此其二。我自十七年第一次调查大窑青瓷以至今年一月，已三次矣，此横梗于我个人胸间之疑问，固无日不萦回盘旋于我之胸际，而终不得一明确之解说也。"[1]1939 年，在他第四次龙泉之行中，终于在大窑岙底发现了黑胎产品，并具有紫口铁足等特征。在随后的三次龙泉之行中，又于溪口瓦窑垟发现了同类产品。"墩头与坳头两处之黑胎作品，其为同一时期，可以假定。但如认此黑胎作品，即为哥窑，则所谓哥窑者，在大窑耶，抑在墩头耶？"[2]

正式的考古工作始于 20 世纪五六十年代。1959 年末至 1960 年初，为了恢复龙泉青瓷的烧造工艺，朱伯谦等先生对龙泉窑核心地区的大窑、溪口、金村等地进行了调查及小规模的试掘。其中在大窑、溪口两地确认了五处烧造黑胎青瓷的窑址，之后在溪口骷髅湾和李家山两处窑址也发现了黑胎青瓷产品[3]。这样，龙泉烧造黑胎青瓷的窑址增加到了 7 处。发掘结束后，朱先生着手对此次考古工作的成果进行梳理，认为"相传章生一在龙泉琉田主一窑，所产瓷器为黑胎、紫口铁足、青色釉、有开片。这些特征与大窑、溪口窑址中出土的黑胎青瓷相吻合，黑胎青瓷应当是哥窑的产品无疑"[4]。后来冯先铭先生对哥窑一说提出质疑，并提出仿官说，朱先生随后修订了其原先的观点并转而支持冯先生，此后这一观点被较广泛接受而几乎成为定论。

20 世纪 60 年代至 21 世纪初，由于各方面的原因，龙泉窑黑胎青瓷相关的考古工作一直处于停滞状态。2010 年开始，浙江省文物考古研究所针对龙泉窑黑胎青瓷问题制定学术课题项目，重启了这一中断近五十年的黑胎青瓷考古调查、试掘与发掘工作。

为了从地层上获取龙泉黑胎青瓷的基础材料，2010 年下半年至 2011 年 9 月，经国家文物局批准，浙江省文物考古研究所、北京大学考古文博学院和龙泉青瓷博物馆组成联合考古队，对溪口瓦窑垟窑址进行了考古发掘。瓦窑垟窑址遭到了近半个多世纪的盗挖扰乱，已经无法提供完整的原始地层和有纪年的直接材料来确定其生产年代，黑胎青瓷又是一种特殊的产品，在龙泉窑的发展脉络中找不到其发展规律，但考古工作者还是在发掘过程中寻找到了许多珍贵的信息，包括在最早的地层中发现了黑胎产品等。

几乎同时，社会上流出小梅镇中心小学发现黑胎青瓷的信息。我们在 2011 年国庆节期间对小梅瓦窑路窑址进行了局部发掘，为龙泉窑黑胎青瓷研究提供了新的考古资料。

在对上述两处窑址进行考古发掘的同时，浙江省文物考古研究所还对龙泉窑核心区的大窑、溪口、金村、石隆等四个片区内的窑址进行了详细的考古调查，并对相关重要窑址点进行了局部试掘。

从持续多年的考古调查以及最近几年的考古发掘情况来看，龙泉黑胎青瓷的生产中心地区除比较典型的溪口瓦窑垟一带外尚有大窑，且其分布范围几乎涉及整个大窑地区，此外在小梅镇瓦窑路、石隆一带乃至龙泉东区都有黑胎青瓷窑场存在。从产品面貌上来看，除了厚釉类精细器物外，亦有薄胎薄釉（黑胎青瓷总体上都可归于厚釉类产品，但也有相对厚薄之分）、厚胎薄釉、厚胎

[1]　陈万里：《龙泉大窑之新发现》，《瓷器与浙江》，中华书局，1946 年。
[2]　陈万里：《一年半中三次龙泉之行》，《瓷器与浙江》，中华书局，1946 年。
[3]　朱伯谦：《龙泉青瓷简史》，《龙泉青瓷研究》，文物出版社，1989 年。
[4]　朱伯谦、王士伦：《浙江省龙泉青瓷窑址调查发掘的主要收获》，《文物》1963 年第 1 期。

厚釉等类型，胎色从灰到灰黑千差万别，釉色复杂多样，时代也不仅限于南宋晚期，往前推与向后延的可能性都存在。黑胎青瓷很可能在龙泉地区有一个发展、成熟与衰落的过程。

从年代上来看，大窑地区黑胎青瓷的延续时间似乎比瓦窑垟等其他窑场更长，从南宋早期一直延续到南宋晚期，甚至元代。我们在大窑大湾窑址采集到了与黑胎青瓷粘连的白胎青瓷，其上发现有八思巴文字。这是以前从未发现过的，不仅增加了新的考古材料，更大大开阔了我们的研究视野。

比较来看，小梅镇瓦窑路窑址的黑胎青瓷似乎比大窑、溪口两地的黑胎青瓷年代要早一些。瓦窑路遗存中有一类产品面貌独特，开极碎的片纹，具有文献中哥窑"百圾碎"的特征，且许多产品在胎釉和器形特征、装烧工艺等方面具有一定的早期性。这应是今后研究的重点，很可能是解决龙泉黑胎青瓷和南宋官窑关系问题的关键，可以说是龙泉窑研究的突破性进展，也拓展了哥窑学术问题的研究视野。

尽管龙泉烧造黑胎青瓷的窑场不算少，但同一个时期内的窑场并不多，如溪口一带烧造黑胎青瓷的仅三处窑址有遗物存在。这表明龙泉黑胎青瓷的烧造并不是大规模存在，而是小范围、小规模发生，也说明黑胎青瓷的烧造技术在南宋时期是高端的制瓷技术，没有普及生产的可能性，其性质当与宫廷有关。龙泉黑胎青瓷与南宋官窑一样，与宫廷应有着非常密切的关系。

值得深思的是，各大博物馆收藏有数以百计的黑胎青瓷藏品，目前基本被学者们所认可的南宋官窑窑场仅有两处，即老虎洞窑址和郊坛下窑址，而龙泉烧造黑胎青瓷的窑场达30处，烧造的时间从南宋早期到元，其产品流归何处需要我们进一步深入研究。

第一章　瓦窑路南宋窑址

第一节　概况

　　瓦窑路窑址位于浙江省龙泉市小梅镇中心小学校内，因临小梅镇瓦窑路而得名。窑址地理坐标为北纬 27°49′27.0″、东经 118°58′20.7″，海拔高度 319 米。（彩图 1–1）

　　小梅镇是龙泉市南部的一个边缘重镇，距离龙泉市区约 40 千米，距离庆元县城和福建省松溪县城均为 45 千米。其西临梅溪，为龙泉溪上游，属于瓯江水系主流上源。根据史料记载，今小梅镇在北宋初起属龙泉县，称龙泉县延庆乡一都、二都，有革化、安集二里。南宋庆元三年（1197年），析龙泉之松源乡及延庆乡部分地置庆元县，小梅镇地域归属庆元县。明洪武三年（1370 年），

彩图 1–1　瓦窑垟与瓦窑路窑址地理位置示意图

庆元县并入龙泉县，小梅镇地域归属龙泉县。洪武十三年（1380年），复置庆元县，小梅镇又被划入庆元，15世纪中期复归龙泉。小梅镇在明代是庆元、松溪及周边地区的商贸集散地，是瓯江水系主流的终点商埠所在。1929年设小梅镇，1933年设小梅区，1951年属查田区，分设小梅、琉梅、三溪、义和四个乡。1984年并小梅、琉梅为小梅乡，并三溪、义合为青溪乡。1985年撤销小梅乡设立小梅镇，1992年青溪乡并入小梅镇。

瓦窑路窑址发现于2009年。2011年9月，因小梅小学校舍改建，浙江省文物考古研究所对窑址进行了调查和试掘，试掘面积40平方米。在学校内所布探沟的地层均已被扰乱，未能发现窑业堆积地层和遗迹现象。考古人员根据地形找到学校后一农户家中，通过龙泉市政府、小梅镇政府、龙泉青瓷博物馆的大力斡旋，在2011年国庆假期于该农户家中布探沟试掘。此次试掘发现了一个灰坑，出土了较多可复原的开片黑胎青瓷，为龙泉窑的研究提供了一批极为重要的实物资料。2011年12月至2012年6月，由于在小学校舍建设过程中发现了窑炉迹象，经国家文物局批准［考执字（2012）第34号］，浙江省文物考古研究所会同龙泉青瓷博物馆对该窑址进行了考古发掘，清理残存的窑炉遗迹一处。试掘和发掘共布探方9处、探沟8条，发掘面积近300平方米。（图1-1）

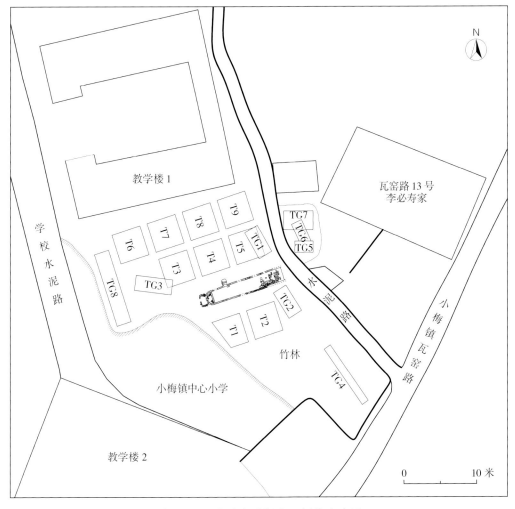

图1-1 瓦窑路窑址探方、探沟分布图

第二节　地层堆积与遗迹

一、地层堆积

探方 T1~T9 和探沟 TG1~TG6、TG8 的地层一致，均仅分为两层。TG7 发掘时分为 4 层，实际下面两层为灰坑内地层。

第①层：现代地层。厚 0.1~0.4 米。土呈黑褐色，土质较硬，内含大量的植物根系、石块、青花瓷残片、青瓷残片、匣钵残片、红烧土块等。

第②层：黄褐色土层。厚 0.12~0.35 米，距地表 0.1~0.4 米。除东南角未分布外，其余均有分布。土呈灰褐色，土质较硬，内含极少量青瓷残片、匣钵残片、碎砖块、垫饼等。此层为近现代形成的板结层，被较多的现代扰坑打破。

第②层下为生土。

第①、②层均为近现代地层，瓦窑路窑址的窑业堆积层已无存。

二、遗迹

窑址内发现的遗迹有灰坑遗迹和窑炉遗迹。

（一）灰坑遗迹

发现灰坑遗迹 1 处，编号 2011XW–H1（以下简称 H1）。

H1 位于 TG7 中部，开口于第②层下，开口距地表 0.2~0.55 米。上部小部分压在探沟北壁下，上部部分地方被扰坑打破而坑边无存。H1 打破生土，在探沟内平面呈不规则形，口大底小，上口东西最长 3.06、南北最宽 2.48 米（探沟内宽 2.36 米），底部东西长 2.6、南北宽 1.68 米，深 0~0.9 米。壁面均为内斜壁，东壁及北壁壁面斜度较陡，西壁及南壁壁面斜度较缓，底部高低不平，总体呈西南高东北低。（图 1–2；彩图 1–2）

在 H1 底部东端有一个小坑，使得 H1 形状有些特殊。用途不详，但其内填土与 H1 其他部分相同，并无

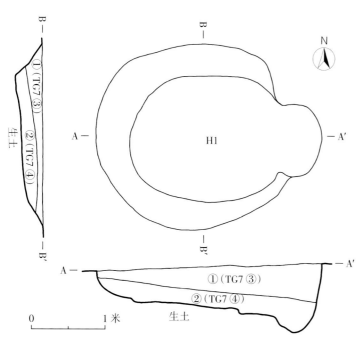

图 1–2　瓦窑路窑址 H1 平、剖面图

彩图 1-2　瓦窑路窑址灰坑遗迹 H1

打破关系。此坑形状呈椭圆形，口大底小，底部呈锅底状，南北长 0.9、东西宽 0.64、深 0.9 米。

　　H1 内填土可分为两层（发掘时编为 TG7 的③、④层），但土的颜色区别不大，仅所包含红烧土的多寡有异。

　　第①层（TG7 ③层）：土呈灰黄色，土质松软，内含大量匣钵残片、垫饼、青瓷残片及少量红烧土块等。

　　第②层（TG7 ④层）：土呈灰黄色，较深，土质松软，内含大量红烧土块及匣钵残片、垫饼、青瓷残片等。

　　上、下两层出土遗物能够拼对的现象较多，因此其年代一致。两层土色的细微差别应是雨水自然沉淀的结果。

　　（二）窑炉遗迹

　　瓦窑路窑址窑炉遗迹编号为 2011XW-Y1（以下简称 Y1）。

　　Y1 为斜坡式龙窑结构，残长 10.6、宽 1.58~1.72 米，方向 252°，窑床坡度 12°。残存火膛和一段窑床，以及火膛前操作间。（图 1-3；彩图 1-3）

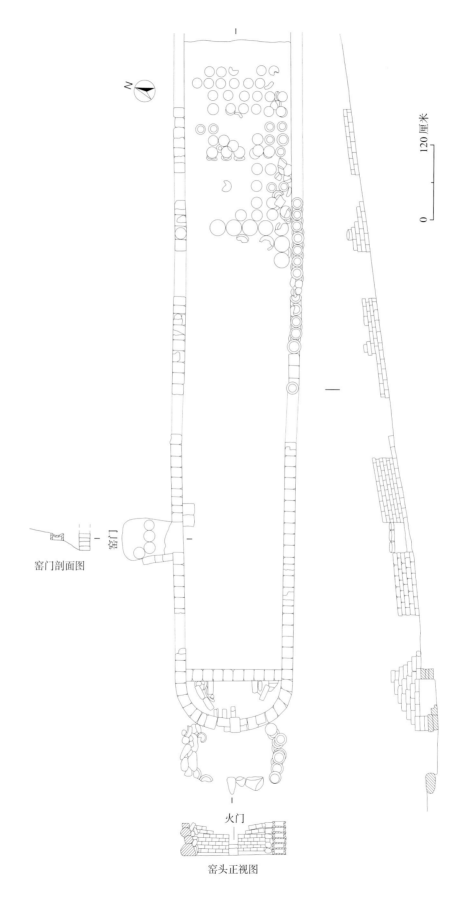

窑门剖面图

窑门

火门

窑头正视图

120厘米

0

图 1-3　瓦窑路路址窑炉遗迹 Y1 平面图、剖视图

彩图 1-3　瓦窑路窑址窑炉遗迹 Y1

彩图 1-4　瓦窑路窑址 Y1 火膛和火膛前操作间

彩图 1-5　瓦窑路窑址 Y1 窑门

火膛前操作间：进深 0.7、宽 1.26 米。南墙用匣钵垒砌，残高 0.6 米。北墙用石头垒砌，残高 0.5 米。西端残留一段石墙，仅残留一排 3 块石头，其北侧缺口应为进出通道。（彩图 1-4）

火膛：进深 0.6、侧壁残高 0.5 米。火膛后壁宽 1.56、残高 0.22 米，火膛内有竖置的砖和匣钵，应是炉算残留。火门残高 0.16、宽 0.14、进深 0.07 米。（彩图 1-4）

窑床：残长 10 米。侧壁为砖块错缝平砌，残高 0.4 米。局部有匣钵修补迹象。窑床底部局部残存匣钵排列。

窑门：窑炉遗迹残留侧壁很低，仅在窑床北壁发现一处窑门，距火门 2.64 米。窑门宽 0.48、残长 1 米，中部残留四个匣钵。有可能是外"八"字形结构。（彩图 1-5）

仅在窑床底部发现少量青瓷残件。

第三节　遗物

H1（TG7 ③、④层）出土可复原器物 222 件，窑炉出土可复原器物 6 件。除了生烧器以外，大多数为黑胎青瓷，只有极少量的灰白胎青瓷。黑胎青瓷多为釉质玻化的青釉，釉色有湖绿色、青黄色等，少量为釉层凝厚的粉青釉。H1 出土器物除生烧外绝大多数为青釉瓷器，仅有 3 件为粉青釉瓷器。窑炉 Y1 内出土器物及残片均为粉青釉瓷器，未见青釉瓷器残片。青瓷器形丰富，主要有碗、盏（八方盏、敞口盏、菱口盏）、盘（菱口折沿盘、八方折沿盘、凹折沿盘、葵口翻沿盘）、碟、洗、杯（盖杯、把杯）、盒、罐、鸟食罐、瓶（鹅颈瓶、悬胆瓶、纸槌瓶）、觚、尊、炉（鬲式炉、鼓钉炉、樽式炉）、器盖（罐盖、盒盖、杯盖）等。此外还出土了较多的窑具，主要为 M 形匣钵、平顶匣钵和垫饼等。

（一）黑胎青釉瓷

瓦窑路窑址内出土的黑胎青釉瓷，胎色黑或浅黑、灰黑，釉色以淡青绿色为上乘，也有青黄色、深褐色等多种色泽。釉层普遍开片，片纹碎小，釉薄处片纹特别细碎，呈灰白或灰黄色。片纹下有细碎颗粒晕散现象，就像犁过的田地般，犁道两侧有碎小的泥土颗粒晕散开来。对于这种现象，在此姑且命名为"碎小开片纹络"。釉层内普遍含有大量微小气泡。

1. 碗

按口沿不同，可分 2 型。

A 型　葵口碗。敞口，口部有凹缺呈花口形，深弧腹，内底心略弧凸。按底足和装烧差异，可分 2 式。

Ⅰ式　1 件。矮圈足，足壁较厚。足端裹釉。外底垫烧。

1】TG7④：4，口下内壁有一圈弦纹。内底戳印有篆体"河滨遗范"。胎色灰，胎壁较厚。釉色浅青绿，釉质玻化，釉层碎小开片纹络。外底粘有泥质垫饼。口径 15、足径 4.6、高 5.1 厘米。（彩图 1-6；图 1-4）

Ⅱ式　6 件。矮圈足，足壁薄。足端刮釉。均生烧。

2】TG7④:90（A 型 II 式 / 葵口碗）

3】TG7④:91（A 型 II 式 / 葵口碗）

1】TG7④:4（A 型 I 式 / 葵口碗）

4】TG7②:1（B 型 / 敞口碗）

彩图 1-6　瓦窑路窑址出土黑胎青釉瓷碗

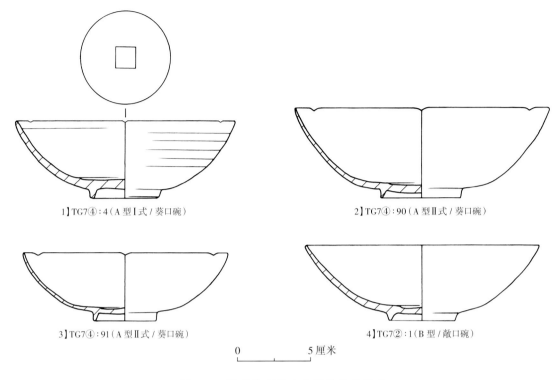

1 】TG7④：4（A 型 I 式 / 葵口碗）　　　　　　　　2 】TG7④：90（A 型 II 式 / 葵口碗）

3 】TG7④：91（A 型 II 式 / 葵口碗）　　　　　　　　4 】TG7②：1（B 型 / 敞口碗）

0　　　　　　5 厘米

图 1–4　瓦窑路窑址出土黑胎青釉瓷碗

2 】TG7④：90，胎色褐黄，胎壁极薄。釉色褐黄，釉层多已脱落。足端刮釉。口径 17.4、足径 5.4、高 6 厘米。（彩图 1–6；图 1–4）

3 】TG7④：91，胎色灰黄，胎壁薄。口足刮釉。口径 14、足径 4.4、高 4.5 厘米。（彩图 1–6；图 1–4）

B 型　2 件。敞口碗。敞口，弧腹，圈足。均生烧。

4 】TG7②：1，胎色灰黑，胎壁极薄。釉色褐黄，釉层多已脱落。足端刮釉。口径 16、足径 4.2、高 5 厘米。（彩图 1–6；图 1–4）

2. 盏

按口沿不同，可分 3 型。

A 型　16 件。八方盏（以前命名为八角盏）。盏口呈八边形，上边部微内凹，中腹微折，下腹弧收，圈足，外底微圆凸。除生烧外，器物釉质多玻化，釉层碎小开片纹络，呈灰黄或灰白色。口部釉薄有脱釉，足端刮釉，足底无釉处呈铁色。内底和圈足外侧积釉普遍较厚。

5 】TG7③：2，胎色黑。釉色青绿，片纹碎小呈灰黄色纹络。对角径 10.6、足径 3.8、高 5.5 厘米。（彩图 1–7、1–8；图 1–5）

6 】TG7④：55，口腹残。胎色灰黑。釉色黄，片纹碎小呈灰黄色纹络。对角径 10、足径 3.2、高 5 厘米。（彩图 1–8；图 1–5）

7 】TG7④：60，口腹残。胎色灰黑。釉色灰黄，片纹碎小呈灰黄色纹络。对角径 10.6、足径 3.6、高 5.3 厘米。（彩图 1–8；图 1–5）

5 】TG7③：2（A 型 / 八方盏）

彩图 1-7　瓦窑路窑址出土黑胎青釉瓷盏

5】TG7③：2（A 型／八方盏）　　　　　　　　7】TG7④：60（A 型／八方盏）

6】TG7④：55（A 型／八方盏）　　　　　　　8】TG7④：47（B 型／菱口盏）

彩图 1-8　瓦窑路窑址出土黑胎青釉瓷盏

9】TG7③：24（C型／敞口盏）

彩图 1-9　瓦窑路窑址出土黑胎青釉瓷盏

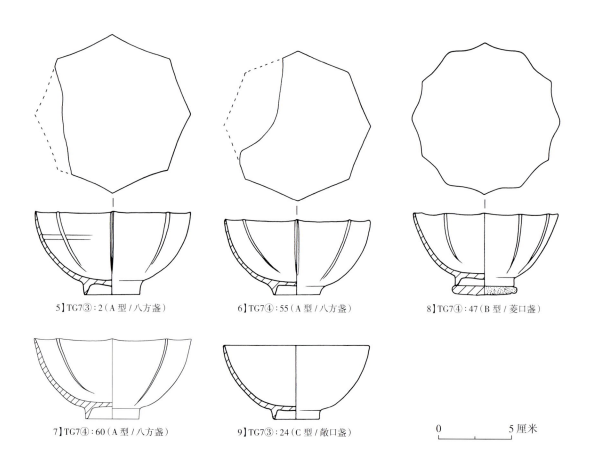

5】TG7③：2（A型／八方盏）　　　6】TG7④：55（A型／八方盏）　　　8】TG7④：47（B型／菱口盏）

7】TG7④：60（A型／八方盏）　　　9】TG7③：24（C型／敞口盏）　　　0　　　　　5厘米

图 1-5　瓦窑路窑址出土黑胎青釉瓷盏

B 型　4 件。菱口盏。口腹呈菱花瓣形，直口，上腹较直而微内凹，下腹弧收，圈足。

8】TG7④：47，口腹残。胎色灰黑。釉色青绿，釉质玻化，釉层碎小开片纹络，呈灰黄色。口部釉薄有脱釉，足端刮釉，内底和圈足外侧积厚釉。足端粘有泥质垫饼。口径 9.8、足径 4、连垫饼高 5.5 厘米。（彩图 1-8；图 1-5）

C 型　2 件。敞口盏。敞口，弧腹，圈足。

9】TG7③：24，胎色灰黑。釉色青黄，釉层碎小开片纹络，片纹较大呈灰黄色。足端刮釉。口径 10、足径 3.2、高 4.9 厘米。（彩图 1-9；图 1-5）

3. 盘

按口沿不同，可分 6 型。

A 型　37 件。菱口折沿盘。菱花形口，宽斜沿，浅折腹，内底平，圈足，足外侧壁内斜、内侧较直。菱口瓣尖有 4 ~ 8 瓣。

10】TG7③：27，器物变形有残缺。胎色灰黑。釉色青灰，釉质玻化，釉层碎小开片纹络，呈灰白色。足端刮釉呈铁色。口径约 17、足径 8.4、高 2.1 厘米。（图 1-6；彩图 1-10）

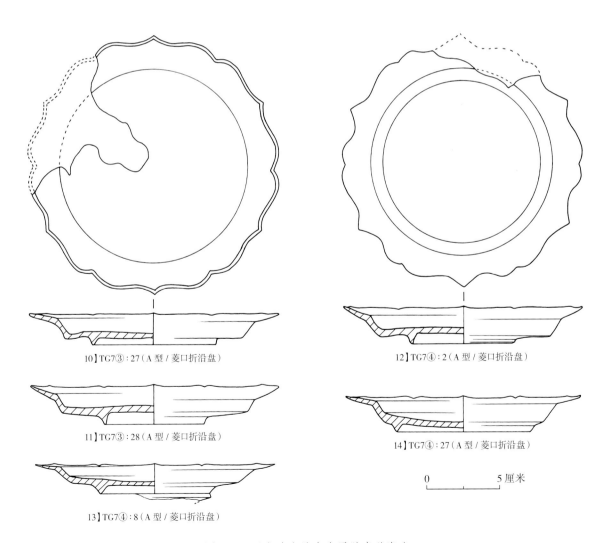

10】TG7③：27（A 型 / 菱口折沿盘）

12】TG7④：2（A 型 / 菱口折沿盘）

11】TG7③：28（A 型 / 菱口折沿盘）

14】TG7④：27（A 型 / 菱口折沿盘）

13】TG7④：8（A 型 / 菱口折沿盘）

0　　　　　5 厘米

图 1-6　瓦窑路窑址出土黑胎青釉瓷盘

11】TG7③：28（A 型 / 菱口折沿盘）

10】TG7③：27（A 型 / 菱口折沿盘）

12】TG7④：2（A 型 / 菱口折沿盘）

彩图 1-10　瓦窑路窑址出土黑胎青釉瓷盘

13】TG7④：8（A 型 / 菱口折沿盘）

彩图 1-11　瓦窑路窑址出土黑胎青釉瓷盘

14】TG7④：27（A型／菱口折沿盘）

彩图 1-12　瓦窑路窑址出土黑胎青釉瓷盘

11】TG7③：28，胎色灰黑。釉色青灰，釉质玻化，釉层碎小开片纹络，呈灰白色。足端刮釉呈铁色。口径约 17、足径 7、高 2.6 厘米。（图 1-6；彩图 1-10）

12】TG7④：2，胎色黑。釉色淡青黄，釉质玻化，釉层碎小开片纹络，呈灰白色。足端刮釉。口径 16.4、足径 7.2、高 2.5 厘米。（图 1-6；彩图 1-10）

13】TG7④：8，胎色灰黄。釉色灰黄，釉质玻化，釉层碎小开片纹络，呈灰白色。足端刮釉。口径约 16.4、足径 7.4、高 2 厘米。（图 1-6；彩图 1-11）

14】TG7④：27，胎色浅黑。釉色淡青绿，釉质玻化，釉层碎小开片纹络，呈灰黄色。足端刮釉。口径 16、足径 9.2、高 2.4 厘米。（图 1-6；彩图 1-12）

B 型　43 件。八方折沿盘。盘口呈八边形，平折沿，浅折腹，内底平，矮圈足。

15】TG7③：46，胎色灰黄。釉色灰黄，局部泛青，釉质玻化，釉层碎小开片纹络，呈灰白色。足端刮釉呈铁色。对角径约 17、足径 9.4、高 2.6 厘米。（图 1-7；彩图 1-13）

16】TG7④：13，口腹有残缺。近口沿处有细凹弦纹一道。胎色灰黑。釉色青褐，釉质玻化，釉层碎小开片纹络，呈灰黄色。口部釉薄局部脱釉，足端刮釉呈铁色。对角径约 17、足径 8.4、高 2.5 厘米。（图 1-7；彩图 1-13）

17】TG7④：22，胎色灰黑。釉色淡青绿，釉质玻化，釉层碎小开片纹络，呈灰黄色。口部

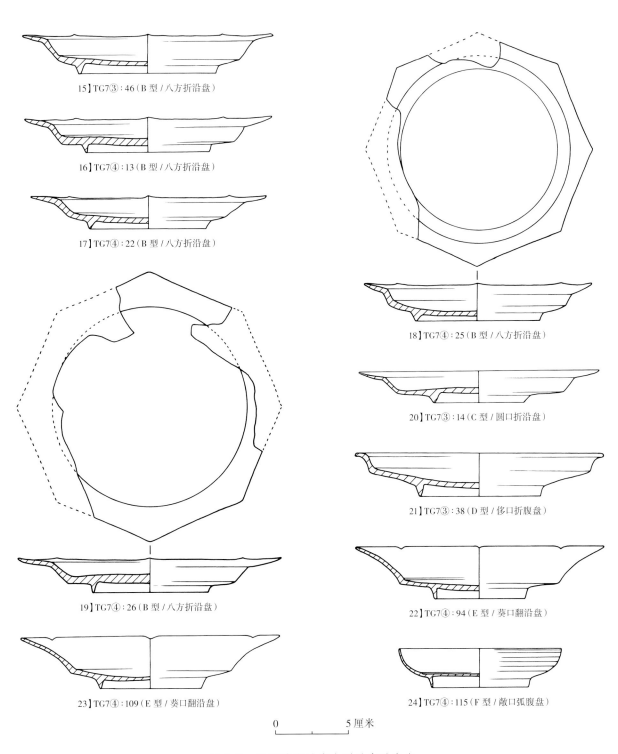

15】TG7③：46（B 型 / 八方折沿盘）

16】TG7④：13（B 型 / 八方折沿盘）

17】TG7④：22（B 型 / 八方折沿盘）

18】TG7④：25（B 型 / 八方折沿盘）

20】TG7③：14（C 型 / 圆口折沿盘）

21】TG7③：38（D 型 / 侈口折腹盘）

19】TG7④：26（B 型 / 八方折沿盘）

22】TG7④：94（E 型 / 葵口翻沿盘）

23】TG7④：109（E 型 / 葵口翻沿盘）

24】TG7④：115（F 型 / 敞口弧腹盘）

0 _____ 5 厘米

图 1-7　瓦窑路窑址出土黑胎青釉瓷盘

30】TG7③：9（A 型／侈口折腹洗）

31】TG7④：3（A 型／侈口折腹洗）

32】TG7③：6（B 型／凹折沿洗）

彩图 1-19　瓦窑路窑址出土黑胎青釉瓷洗

30】TG7③：9（A 型／侈口折腹洗）

31】TG7④：3（A 型／侈口折腹洗）　　　　　32】TG7③：6（B 型／凹折沿洗）

彩图 1-20　瓦窑路窑址出土黑胎青釉瓷洗

6. 杯

按口沿不同，可分 2 型。

A 型　7 件。直口盖杯。直口，直腹，下腹弧收，圈足。

33〗TG7③：47，盖与器身粘连。胎色灰黄。釉色灰黄，釉层片纹极细碎，呈灰白色纹络。足端、杯盖子母口刮釉。杯口径 8.3、足径 4、高 6 厘米。（彩图 1–21；图 1–10）

B 型　2 件。侈口把杯。微侈口，尖唇，圆沿，直腹，下腹弧折，中腹一侧有把手，圈足。

34〗TG7④：5，把手残。胎色黑。釉色青黄，釉质玻化，釉层碎小开片纹络。足端无釉呈铁色。口径 8.2、足径 3.8、高 5.6 厘米。（彩图 1–21；图 1–10）

35〗TG7④：6，口腹有残缺，把手残。胎色黑。釉色青绿，釉质玻化，釉层碎小开片纹络。足端无釉呈铁色。口径 8.6、足径 3.8、高 5.7 厘米。（彩图 1–21；图 1–10）

33〗TG7③：47（A 型 / 直口盖杯）

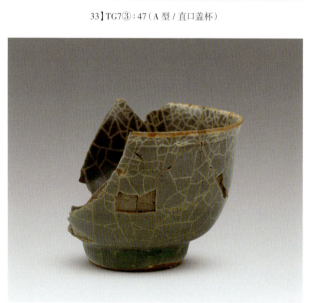

35〗TG7④：6（B 型 / 侈口把杯）

34〗TG7④：5（B 型 / 侈口把杯）

彩图 1–21　瓦窑路窑址出土黑胎青釉瓷杯

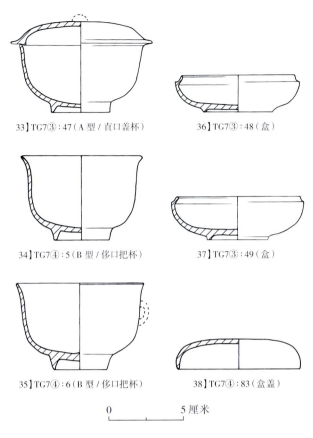

33】TG7③：47（A型/直口盖杯）　　36】TG7③：48（盒）

34】TG7④：5（B型/侈口把杯）　　37】TG7③：49（盒）

35】TG7④：6（B型/侈口把杯）　　38】TG7④：83（盒盖）

0　　　　5厘米

图1-10　瓦窑路窑址出土黑胎青釉瓷杯、盒、盒盖

7. 盒

2件。子母口微敛。浅弧腹。底略下弧。矮圈足。

36】TG7③：48，胎色不匀，一侧呈灰黑色，另一侧呈褐黄色。与胎色不匀相应，釉色亦不匀，灰黑胎处釉呈较深的青灰色，褐黄色胎处釉呈青黄色。釉层碎小开片纹络，呈灰白色。子母口沿、足端刮釉，呈铁色。口径7.8、足径4.6、高2.4厘米。（图1-10；彩图1-22）

37】TG7③：49，胎色灰黑。釉色青绿，釉层碎小开片纹络，呈灰白色。子母口沿、足端刮釉，呈铁色。口径8.4、足径4、高2.9厘米。（图1-10；彩图1-22）

8. 盒盖

2件。盖面呈圆拱形，口较直。

36】TG7③：48（盒）

37】TG7③：49（盒）

38】TG7④：83（盒盖）

彩图1-22　瓦窑路窑址出土黑胎青釉瓷盒、盒盖

38】TG7④：83，胎色灰黑。青绿色釉，釉质玻化，釉层碎小开片纹络，呈灰白色。盖口沿刮釉。口径8.4、高2厘米。（图1-10；彩图1-22）

9. 罐

4件。直口，矮颈，鼓上腹，圈足。

39】TG7④：9，胎色黑。釉色浅青绿，釉质玻化，釉层碎小开片纹络。内底和圈足外侧有积釉。口径6.6、足径4、高5.9厘米。（图1-11；彩图1-23）

40】TG7④：73，底残。胎色灰黑。釉色青灰，釉层玻化，通体碎小开片纹络，呈灰白色。口沿刮釉。口径7、足径5.2、高6.3厘米。（图1-11；彩图1-23）

10. 罐盖

10件。小圆纽，顶端弧凸，边缘平，内口微凸。釉质玻化，釉层碎小开片纹络，呈灰黄色或灰白色。盖内边缘无釉，有支垫痕。

41】TG7③：1，胎色黑。釉色青灰。盖径7.4、内口径4、高1.5厘米。（图1-11；彩图1-23）

42】TG7③：12，变形微残。胎色灰黑。釉色青黄。盖径7.8、内口径5、高2.1厘米。（图1-11；彩图1-24）

43】TG7④：7，胎色黑。釉色灰青。盖径8、内口径4.2、高1.5厘米。（图1-11；彩图1-24）

44】TG7④：82，胎色浅灰黑。釉色青绿，釉面玻璃质感极强，釉层通体碎小开片纹络，呈灰白色。盖面平沿上积釉严重。盖径7.4、内口径5、高1.9厘米。（图1-11；彩图1-24）

11. 鸟食罐

2件。

45】TG7③：23，口与颈残，鼓上腹，圈足。肩部有耳，残。胎色灰黑。釉色青灰，釉质玻

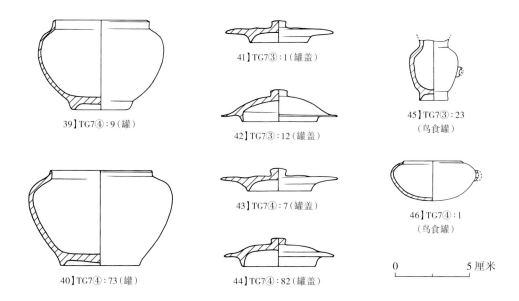

39】TG7④：9（罐）

41】TG7③：1（罐盖）

45】TG7③：23
（鸟食罐）

42】TG7③：12（罐盖）

43】TG7④：7（罐盖）

46】TG7④：1
（鸟食罐）

40】TG7④：73（罐）

44】TG7④：82（罐盖）

0　　　　　　　5厘米

图1-11　瓦窑路窑址出土黑胎青釉瓷罐、罐盖、鸟食罐

39】TG7④：9（罐）

40】TG7④：73（罐）

41】TG7③：1（罐盖）

彩图 1-23　瓦窑路窑址出土黑胎青釉瓷罐、罐盖

42】TG7③:12(罐盖)

43】TG7④:7(罐盖)

44】TG7④:82(罐盖)

彩图 1-24　瓦窑路窑址出土黑胎青釉瓷罐盖

45】TG7③：23（鸟食罐）

46】TG7④：1（鸟食罐）

彩图 1-25　瓦窑路窑址出土黑胎青釉瓷鸟食罐

化，釉层碎小开片纹络。足端刮釉。足径 2、残高 4 厘米。（图 1-11；彩图 1-25）

46】TG7④：1，直口，口唇微凸，扁鼓腹，圜底。腹部有耳，残。胎色灰黄。釉色青黄，釉质玻化，釉层碎小开片纹络。内外满釉，口唇部无釉。口径约 4、高 2.6 厘米。（图 1-11；彩图 1-25）

12. 瓶

按口腹不同，可分 4 型。

A 型　5 件。鹅颈瓶。扁鼓腹，圈足较底而外撇，底平。

47】TG7④：65，口与颈残，仅存底腹。胎色黑。釉色青绿，釉质玻化，釉层碎小开片纹络，呈灰白色。足端刮釉呈铁色，圈足外侧积釉严重。足径 5.6、残高 5.5 厘米。（图 1-12；彩图 1-26）

B 型　3 件。纸槌瓶。侈口，宽平沿，尖圆唇，细长直颈，折肩，直腹略内收，矮圈足。足端刮釉。

48】TG7③：58，生烧。胎色灰黑。釉色青黄。口径 5.8、足径 6.4、高 14 厘米。（图 1-12；彩图 1-26）

49】TG7④：85，生烧。胎色灰黑。釉色灰黄。口径 4.8、足径 6.4、高 13.8 厘米。（图 1-12；彩图 1-26）

C 型　6 件。悬胆瓶。侈口，小圆唇，直长颈，斜肩，扁鼓腹，圈足，外底心微尖凸。足端刮釉。

50】TG7③：8，胎色灰黑，胎壁较厚。釉色青黄，釉质玻化，釉层碎小开片纹络。口径 3.8、足径 6、高 14.4 厘米。（图 1-12；彩图 1-26）

51】TG7③：61，口残。胎色灰黑。釉色青绿，釉质玻化，釉层碎小开片纹络。足径 5.8、残高 12 厘米。（图 1-12；彩图

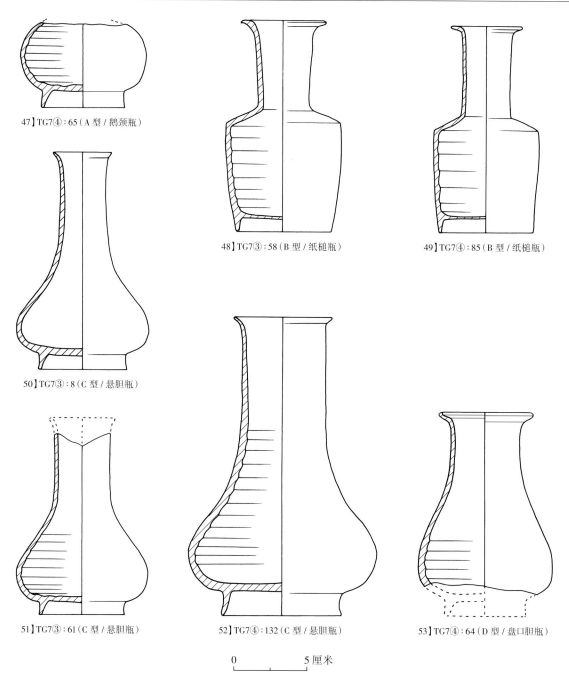

47】TG7④：65（A 型 / 鹅颈瓶）

48】TG7③：58（B 型 / 纸槌瓶）　　　49】TG7④：85（B 型 / 纸槌瓶）

50】TG7③：8（C 型 / 悬胆瓶）

51】TG7③：61（C 型 / 悬胆瓶）　　52】TG7④：132（C 型 / 悬胆瓶）　　53】TG7④：64（D 型 / 盘口胆瓶）

0　　　　　　　5 厘米

图 1-12　瓦窑路窑址出土黑胎青釉瓷瓶

1-27）

　　52】TG7④：132，生烧。胎色灰黑，胎壁较厚。釉色青黄，釉层碎小开片纹络。口径 6.6、足径 8、高 19.7 厘米。（图 1-12；彩图 1-27）

　　D 型　1 件。盘口胆瓶。无复原器。

　　53】TG7④：64，残存口及颈部。浅盘口，粗颈，颈肩部弧，似鼓腹，底残。胎色灰黑，胎质较细腻。釉色湖青绿，釉质玻化，内外釉层均碎小开片纹络，呈灰白色。口径 6.4、残高 12 厘米。（图 1-12；彩图 1-27）

47】TG7④：65（A 型 / 鹅颈瓶）

48】TG7③：58（B 型 / 纸槌瓶）

49】TG7④：85（B 型 / 纸槌瓶）

50】TG7③：8（C 型 / 悬胆瓶）

彩图 1-26　瓦窑路窑址出土黑胎青釉瓷瓶

52〗TG7④：132（C 型 / 悬胆瓶）

51〗TG7③：61（C 型 / 悬胆瓶）

53〗TG7④：64（D 型 / 盘口胆瓶）

彩图 1-27　瓦窑路窑址出土黑胎青釉瓷瓶

13. 觚

6件。敞口外翻沿，直腹，中腹微凸，中下腹四出戟，圈足，足外侧壁内斜。足端刮釉。

54】TG7③：11，生烧。胎色灰黑。釉色黄，釉层多有脱落。口径9.2、足径5.8、高12厘米。（图1-13；彩图1-28）

55】TG7④：70，底残。胎色灰黑。釉色青灰，釉层碎小开片纹络，呈灰白色或灰黄色。口径9.2、残高10厘米。（图1-13；彩图1-28）

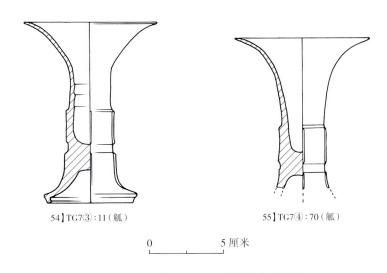

54】TG7③：11（觚）　　55】TG7④：70（觚）

0　　　　5厘米

图1-13　瓦窑路窑址出土黑胎青釉瓷觚

54】TG7③：11（觚）　　55】TG7④：70（觚）

彩图1-28　瓦窑路窑址出土黑胎青釉瓷觚

14. 尊

5 件。侈口，微翻沿，直颈，斜肩，扁鼓腹，圈足。

56】TG7③：15，胎色黑。釉色淡青绿，釉质玻化，釉层碎小开片纹络。足端刮釉呈铁色。口径约 10.6、足径约 8、高 8.4 厘米。（图 1-14；彩图 1-29）

57】TG7④：10，胎色灰黑。釉色深青绿，釉质玻化，釉层碎小开片纹络，口沿及上颈部釉层薄处开片极细碎，器物下半部釉层厚处开片较大。口沿脱釉呈褐黄色，足端刮釉呈铁色，内底及外足端积釉严重。口径 11.2、足径 7.8、高 7.8 厘米。（图 1-14；彩图 1-29）

58】TG7④：87，生烧。扁鼓腹弧收。胎色灰黑。釉色黄。足端刮釉呈铁色。口径 10.4、足径 6、高 9.3 厘米。（图 1-14；彩图 1-30）

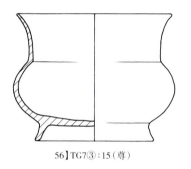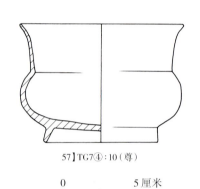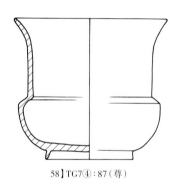

56】TG7③：15（尊）　　　　　57】TG7④：10（尊）　　　　　58】TG7④：87（尊）

0　　　　　　5 厘米

图 1-14　瓦窑路窑址出土黑胎青釉瓷尊

56】TG7③：15（尊）　　　　　　　　　　　57】TG7④：10（尊）

彩图 1-29　瓦窑路窑址出土黑胎青釉瓷尊

58】TG7④：87（尊）

彩图 1-30　瓦窑路窑址出土黑胎青釉瓷尊

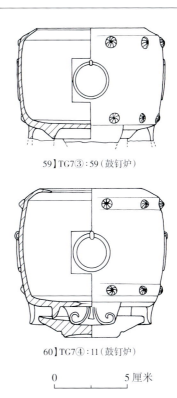

59】TG7③：59（鼓钉炉）

60】TG7④：11（鼓钉炉）

0　　　　　5 厘米

图 1-15　瓦窑路窑址出土黑胎青釉瓷鼓钉炉

59】TG7③：59（鼓钉炉）

60】TG7④：11（鼓钉炉）

彩图 1-31　瓦窑路窑址出土黑胎青釉瓷鼓钉炉

15. 鼓钉炉

2 件。折敛口，扁平沿，直腹微鼓，圈足。外底中心有一圆形小孔，腹下三足呈如意形。上下腹有鼓钉，中腹有圆环形铺首。

59】TG7③：59，胎色灰黑。釉色青黄，釉质玻化，釉层碎小开片纹络，呈灰白或灰黄色。口径 7.4、圈足径 5.2、残高 7.3 厘米。（图 1-15；彩图 1-31）

60】TG7④：11，胎色灰黑。釉色青绿，釉质玻化，釉层碎小开片纹络，呈灰白或灰黄色。口沿、内底和足端积釉严重。圈足底粘有粗瓷质垫饼。口径7、圈足径5.2、高9厘米。（图1-15；彩图1-31）

16. 鬲式炉

4件。宽平沿，束颈，溜肩，扁鼓腹，有三足。按足不同可分2型。

A型　柱状足。肩部有凸弦纹一圈，足、腹部有出筋。

61】TG7④：61，胎色灰黑。釉色深青灰，釉质玻化，釉层碎小开片纹络，呈灰白或灰黄色。足端刮釉，内底及足端流釉严重。口径9.8、高7.8厘米。（图1-16；彩图1-32）

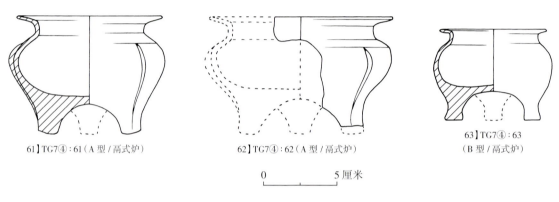

61】TG7④：61（A型/鬲式炉）　　　62】TG7④：62（A型/鬲式炉）　　　63】TG7④：63（B型/鬲式炉）

0 _____ 5厘米

图1-16　瓦窑路窑址出土黑胎青釉瓷鬲式炉

61】TG7④：61（A型/鬲式炉）

彩图1-32　瓦窑路窑址出土黑胎青釉瓷鬲式炉

62】TG7④：62，足端残。胎色黑。釉色深青灰，釉质玻化，釉层碎小开片纹络，呈灰白或灰黄色。内底积釉。口径 12.4、残高 7.2 厘米。（图 1-16；彩图 1-33）

B 型　蹄状足。

63】TG7④：63，胎色灰黑。釉色青绿，釉质玻化，釉层碎小开片纹络，呈灰白或灰黄色。足端刮釉，内底及足端有积釉。口径 7.2、高 6 厘米。（图 1-16；彩图 1-33）

62】TG7④：62（A 型 / 鬲式炉）

63】TG7④：63（B 型 / 鬲式炉）

彩图 1-33　瓦窑路窑址出土黑胎青釉瓷鬲式炉

（二）黑胎粉青釉瓷

　　釉层凝润，无开片。黑胎粉青釉瓷在TG7中仅出土3件，其余均出自窑炉底部堆积，器形有碗、盏（含八方盏、菱口盏）、盘（含八方折沿盘、敞口莲瓣纹盘）、洗、罐盖、鸟食罐、瓶和樽式炉。共复原8件。

　　1. 碗

　　1件。无复原器。

　　64】Y1:8，莲瓣纹碗口沿残片。尖圆唇，侈口外撇，深弧腹。外腹刻划较粗的莲瓣纹。胎色浅灰，胎质细腻。釉色粉青，釉层凝厚，釉面光润。口径约12、残高3.4厘米。（彩图1-34；图1-17）

　　2. 盏

　　可分2型。

　　A型　1件。八方盏。无复原器。

　　65】Y1:6，口沿残片。盏口呈八边形，直口微敞，上腹较直，中腹微折，下腹弧收。胎色灰白，胎质细腻，胎骨极薄。釉色粉青，釉层凝厚，釉面光润。对角径约10、残高4厘米。（彩图1-34；图1-17）

　　B型　1件。菱口盏。无复原器。

　　66】Y1:7，口沿残片。盏口作菱花形，微敞，上腹较直，中腹微折，下腹弧收。胎色黑，胎质细腻，胎骨极薄。釉色粉青。釉色较深，釉层凝厚，釉面光润。口径约10、残高3.5厘米。（彩图1-34；图1-17）

　　3. 盘

　　可分2型。

　　A型　1件。八方折沿盘。

　　67】Y1:1，变形。侈口，宽折沿略内斜，圆唇，浅折腹，大平底，圈足较矮，足壁较直。胎色黑，胎质细腻，胎骨极薄。釉色粉青，釉层凝厚，釉面光润。足端刮釉呈铁色。对角径

64】Y1:8（莲瓣纹碗）

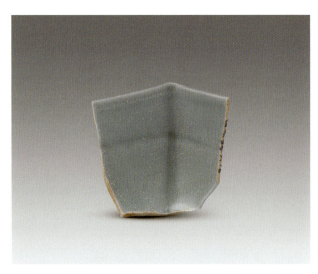

65】Y1:6（A型/八方盏）

66】Y1:7（B型/菱口盏）

彩图1-34　瓦窑路窑址出土黑胎粉青釉瓷碗、盏

67】Y1:1（A 型 / 八方折沿盘）　　　　　　　68】Y1:11（B 型 / 敞口莲瓣纹盘）

彩图 1-35　瓦窑路窑址出土黑胎粉青釉瓷盘

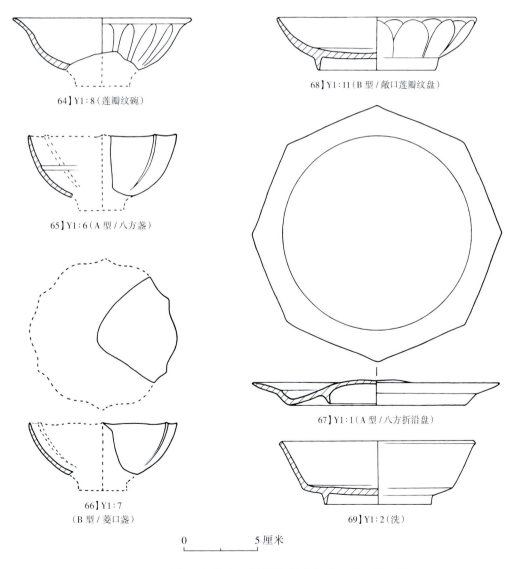

64】Y1:8（莲瓣纹碗）

68】Y1:11（B 型 / 敞口莲瓣纹盘）

65】Y1:6（A 型 / 八方盏）

66】Y1:7
（B 型 / 菱口盏）

67】Y1:1（A 型 / 八方折沿盘）

69】Y1:2（洗）

0　　　　　5 厘米

图 1-17　瓦窑路窑址出土黑胎粉青釉瓷碗、盏、盘、洗

约 16.8、足径 6.2、高 1.5 厘米。（彩图 1-35；图 1-17）

B 型　4 件。敞口莲瓣纹盘。敞口，圆唇，浅弧腹，大平底，圈足较高，足外壁略内斜、内侧较直。外腹部刻划粗短莲瓣纹。胎骨较厚。釉层凝厚，釉面光润。

68】Y1：11，胎色灰黑，胎质细腻。釉色粉青，釉色较浅。足端刮釉呈深紫色。口径约 13.6、足径 8、高 3.5 厘米。（彩图 1-35；图 1-17）

4. 洗

1 件。尖唇外凸，形成窄平沿，敞口，斜直腹，大平底，圈足略高，足壁较直。

69】Y1：2，胎色黑。釉色粉青，釉层凝厚，釉面光润，有少量片纹。足端刮釉呈铁色。口径 13.4、足径 7.2、高 4.2 厘米。（图 1-17）

5. 罐盖

1 件。

70】TG7③：22，小圆纽。顶端弧凸，边缘平，内口微凸。灰胎，胎壁薄。釉色粉青，釉层凝润，釉面少量裂纹。盖内边缘无釉，有支垫痕。盖径 7.4、内口径 3.6、高 1.5 厘米。（图 1-18；彩图 1-36）

6. 鸟食罐

1 件。

71】TG7③：10，敛口，口唇微凸，上腹鼓，下腹斜收，圆凸底。腹部有单耳，残。胎色灰黑，胎壁薄。釉色粉青，釉层凝润，釉面光润。口径 2.4、底径 1.2、高 3.4 厘米。（图 1-18；彩图 1-36）

7. 瓶

1 件。无复原器。

72】Y1：5，口颈残片。盘口，圆唇，细长直颈。胎色灰黑，胎质细腻。釉色粉青，釉层凝厚，釉面光润。口径 5.4、残高 3.5 厘米。（图 1-18；彩图 1-36）

8. 瓶盖

1 件。

73】TG7④：99，弧凸顶，圆柱状盖塞。胎色灰黑。釉色粉青，釉色较淡，釉层较凝厚，有冰

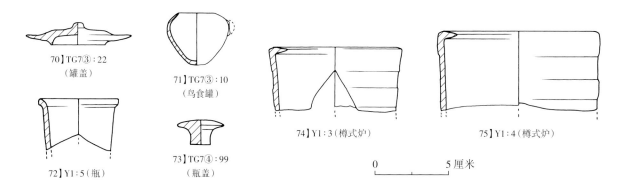

70】TG7③：22
（罐盖）

71】TG7③：10
（鸟食罐）

72】Y1：5（瓶）

73】TG7④：99
（瓶盖）

74】Y1：3（樽式炉）

75】Y1：4（樽式炉）

0　　　　5 厘米

图 1-18　瓦窑路窑址出土黑胎粉青釉瓷罐盖、鸟食罐、瓶、瓶盖、樽式炉

70】TG7③：22（罐盖）

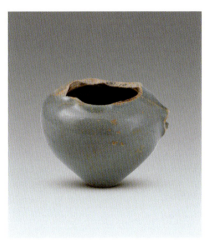

71】TG7③：10（鸟食罐）

72】Y1：5（瓶）

73】TG7④：99（瓶盖）

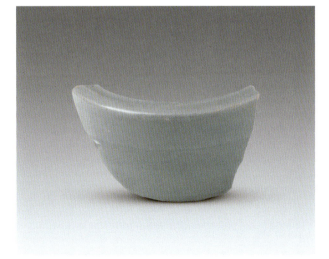

74】Y1：3（樽式炉）

75】Y1：4（樽式炉）

彩图 1-36　瓦窑路窑址出土黑胎粉青釉瓷罐盖、鸟食罐、瓶、瓶盖、樽式炉

裂纹。上径 3.2、下径 1.4、高 1.6 厘米。（图 1-18；彩图 1-36）

9. 樽式炉

2 件。折敛口，圆唇，宽平沿，沿面略内凹，直腹呈筒形。无复原器。

74】Y1：3，残存口沿。胎色灰黑，胎质细腻。釉色粉青，釉层凝厚，釉面光润。口径约 6.5、残高 4.2 厘米。（图 1-18；彩图 1-36）

75】Y1：4，残存口沿。胎色灰黑，胎质细腻。釉色粉青，釉色较深，釉层凝厚，釉面光润，有少量的片纹。口径约 8.4、残高 5.2 厘米。（图 1-18；彩图 1-36）

（三）窑具

1. 火照

1 件。

76】TG7③：25，生烧。半圆形，顶较平，侧边有孔。胎色灰黄。釉色米黄。口径 3.2、高 2 厘米。（图 1-19；彩图 1-37）

2. 匣钵

有 M 形和平顶两类。均为粗砂质。

（1）M 形匣钵

77】TG7③：62，口径 13、顶径 14、高 6.4 厘米。（图 1-19；彩图 1-37）

（2）平顶匣钵

78】TG6①：3，口径 13.6、顶径 14.6、高 7.2 厘米。（图 1-19）

3. 垫具

主要为垫饼。有粗瓷质和粗砂质两类。

（1）垫饼

顶部中间内凹、边缘平，底部或微凸稍平或弧凸内凹。

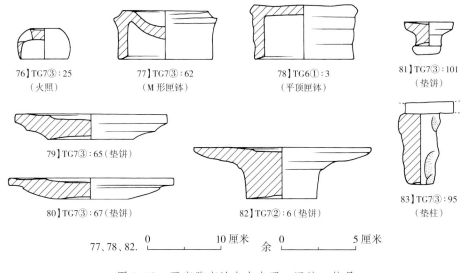

76】TG7③：25
（火照）

77】TG7③：62
（M 形匣钵）

78】TG6①：3
（平顶匣钵）

81】TG7③：101
（垫饼）

79】TG7③：65（垫饼）

80】TG7③：67（垫饼）

82】TG7②：6（垫饼）

83】TG7③：95
（垫柱）

77、78、82.　0　　　　10厘米　　余　0　　　　5厘米

图 1-19　瓦窑路窑址出土火照、匣钵、垫具

79】TG7③：65，折腹形。外腹折。粗瓷质。上径 10.2、下径 6、高 1.7 厘米。（图 1-19）

80】TG7③：67，碟形。外腹较坦。粗瓷质。上径 11.2、下径 5、高 1.4 厘米。（图 1-19；彩图 1-37）

81】TG7③：101，T 形。粗瓷质。上径 3.4、下径 1.8、高 1.6 厘米。（图 1-19）

82】TG7②：6，托盘形。粗瓷质。上径 24、下径 9.6、高 6.8 厘米。（图 1-19；彩图 1-37）

（2）垫柱

83】TG7③：95，长条形垫柱。粗砂质。高 4.7 厘米。（图 1-19）

76】TG7③：25（火照）

77】TG7③：62（M 形匣钵）

80】TG7③：67（垫饼）

82】TG7②：6（垫饼）

彩图 1-37　瓦窑路窑址出土火照、匣钵、垫饼

第四节　年代和性质

一、窑炉遗迹 Y1 和灰坑遗迹 H1 出土两类风格和两路釉质的青釉瓷器

瓦窑路窑址 H1 出土的青釉瓷器存在薄胎黑胎和厚胎灰白胎两类迥然相异的风格，其中薄胎黑胎类型的器物中又存在青釉玻璃质厚釉和粉青凝厚釉两路釉质的差异。Y1 仅出土薄胎粉青凝厚釉的黑胎瓷器。

1. 两类风格：薄胎黑胎和厚胎灰白胎两类风格共存

出土器物多数胎壁薄，圈足足壁较窄，足端刮釉，由垫饼垫于足端装烧。而少量的敞口碗器胎比较厚，胎色灰白，釉层无碎纹开片，圈足足壁较宽而足端裹釉，装烧方式是垫饼垫在外底装烧。这种风格的器物仅 H1 出土有两件刻花敞口碗残片，均归于 A Ⅰ 式碗。举例的"河滨遗范"葵口碗 1】TG7④：4 是灰胎，但其胎色灰青且颜色较深，其实也能归入黑胎类型，其釉层是有碎小开片纹络的。

2. 薄胎青瓷两路釉质：碎小片纹玻璃质厚釉和无片纹粉青凝厚釉共存

在薄胎黑胎风格的器物中，H1 出土器物釉质多数为碎小片纹玻璃质厚釉，有 3 件器物釉质为粉青凝厚釉；Y1 出土器物釉质均为粉青凝厚釉。

碎小片纹玻璃质釉多为厚釉，釉层没有分层现象，通体厚度不一致，一般口部釉薄，器底积釉、流釉。釉薄处片纹更加细碎，纹络晕散明显；釉厚处片纹较大，纹络晕散不明显。玻璃质釉釉层中普遍含有大量微小气泡，光泽度较高。装烧过程应是单次施釉装烧。

凝厚釉的釉层有明显分层现象，通体厚度基本一致，几乎没有开片，个别器物釉面有局部冰裂现象。釉层内也有微小气泡，光泽度较低。此种釉层必然经过两次以上的施釉装烧过程。

3. 两类风格和两路釉质的相对年代

Y1 出土器物的相对年代应是最晚的。因为 Y1 保存并不完整，只保留了窑炉的中前段部分，所以判断最后一窑所烧器物的相对年代存在局限。虽然不能排除窑炉中前段烧造粉青釉瓷器而后半段烧造玻璃质釉瓷器的可能性，但是此种可能性很小。因为烧成凝厚釉和玻璃质厚釉的窑炉火候和氛围并不相同，两者的施釉装烧程序也有差异，所以更可能是整条窑炉的最后一窑都烧造黑胎粉青釉瓷。

另外，虽然 H1 出土的器物可以看作同一时间的遗物，但是也存在窑炉被完全废弃后再被填埋的可能性。也就是说，这两类风格和两路釉质的遗物有可能为前后烧制，一起填埋的。从"河滨遗范"葵口碗 1】TG7④：4 这件标本看，明显是厚胎、外底垫烧和碎小片纹玻璃质厚釉两种风格的合成体。所以这两类风格即便有先后顺序，年代当也相差不远。

Y1 若是单独烧造粉青凝厚釉瓷器，那么其烧造年代可能略晚于碎小片纹玻璃质厚釉青瓷器，但绝对年代应是等同或十分接近。由于 H1 中的遗物共存关系，实际上可将这两类风格和两路釉质的青瓷视为同一时代共存的关系。

4.薄胎青瓷两路釉质的器类器形比较

因为古代窑炉在不同的位置有可能装烧不同的器形，所以窑工抛弃的废品也有不同器类在不同位置的可能，那么局部堆积层内出土的瓷器类型就不能较为全面地反映窑炉生产的产品器类。而窑业灰坑遗迹内的遗物一般是通过拣选后集中遗弃的，所以虽然瓦窑路窑址已经大范围无存，但是H1出土的瓷器很可能涵盖了该窑址窑业生产的大部分产品器类。

对Y1和H1出土的器类进行比较，可以发现Y1出土的莲瓣纹碗和B型粉青凝厚釉敞口莲瓣纹盘在H1均未见出土，即莲瓣纹装饰未见于碎小片纹玻璃质厚釉瓷器和生烧器中。因此莲瓣纹装饰的黑胎粉青凝厚釉碗、盘有可能稍晚于黑胎碎小片纹玻璃质厚釉青瓷类型。而从器形上分析，莲瓣纹碗、盘以及粉青凝厚釉的另外几种器类，如八方盏、菱口盏、八方盘、洗、器盖等，和同类碎小片纹玻璃质厚釉的器形是一致的。

从产品对比看，粉青凝厚釉和碎小片纹玻璃质厚釉的器类、器形都是基本一致的，所以年代即使有早晚也是相差不远的，而粉青凝厚釉莲瓣纹装饰风格的相对年代可能稍晚于碎小片纹玻璃质厚釉青瓷类型的素面风格。

综上所述，在这个窑炉使用年限可能很短的窑址中，我们可以看到龙泉窑青瓷从厚胎灰白胎到薄胎黑胎的胎质风格变化和共存，从薄釉到碎小片纹玻璃质厚釉再到粉青凝厚釉的釉质风格变化和共存，从刻花装饰到素面无纹再到莲瓣纹的装饰风格变化和共存。

二、年代分析

由于此类碎小片纹玻璃质厚釉和粉青凝厚釉黑胎青瓷产品没有相关确切的纪年资料，我们只能通过产品类型和风格来框定其大致的年代。

1.厚胎灰白胎、足壁宽厚、外底垫烧风格的年代

此种风格在南宋早中期的龙泉窑青瓷产品中是普遍存在的[1]。而在有纪年的龙泉青瓷遗物中，此种风格最晚的纪年资料是1978年江西省清江县花果山开禧元年（1205年）墓出土的粉青釉长颈球腹瓶（厚胎厚釉，灰白胎）[2]，以及龙泉市博物馆藏碗底墨书"开禧"二字的S形纹敞口碗[3]。以上两件纪年器足以说明此种风格的龙泉窑青瓷存在时间至少延续到宋宁宗开禧年间（1205~1207年）。而从金村窑址的地层叠压情况看，此种风格的龙泉窑青瓷到南宋晚期还在生产[4]。

2.薄胎、窄圈足、足端刮釉垫烧风格及粉青凝厚釉的年代

窑址出土薄胎黑胎风格的两路釉质中，粉青凝厚釉同类的龙泉窑白胎瓷器类型有确切的纪年资料。年代最早的是浙江庆元会溪村开禧元年（1205年）胡纮夫妇墓出土的9件龙泉青瓷，其后

［1］朱伯谦《龙泉窑青瓷》："南宋前期的龙泉青瓷……极大多数瓷器在装匣钵烧成时，在外底放一个垫饼……"（艺术家出版社，1998年，第14页）。

［2］朱伯谦：《龙泉窑青瓷》，艺术家出版社，1998年，第140页。

［3］浙江省文物考古研究所编：《浙江纪年墓与纪年瓷·丽水卷》，文物出版社，2019年，第154页。

［4］浙江省文物考古研究所、龙泉青瓷博物馆编著：《龙泉金村窑址群——2013~2014年调查试掘报告》，文物出版社，2019年。

还有浙江丽水嘉定十五年（1222 年）李屋妻姜氏墓[1]、湖北武汉武昌嘉定六年（1213 年）任晞靖墓[2]等出土的龙泉青瓷，器形有象纽盖罐、花口碗、花口盘、盘口胆式瓶（白胎厚釉开细片纹）等，均表现为薄胎、窄圈足、足端刮釉垫烧的风格。H1 出土的菱口盏和折沿盘，以及 Y1 出土的菱口盏和折沿盘，和上述庆元胡纮夫妇墓出土的花口碗和花口盘相比，器形虽不完全相同，但总体风格相似。粉青凝厚釉的莲瓣纹碗较多被后人珍藏，在明墓中亦有出土，而南宋最晚的纪年资料出现在丽水德祐元年（1275 年）叶梦登妻潘孟光墓[3]中。因此，此种风格的龙泉青瓷年代最早是在 1205 年之前，可能延续到南宋末年或更晚。

另外值得关注的一个纪年资料是现存于日本东京国立博物馆的著名龙泉青瓷碗——蚂蟥祥。该碗为六瓣葵口，釉层凝润，是薄胎厚釉、窄圈足、足端刮釉垫烧风格的典型作品。根据日本江户时代儒学家伊藤东涯于享保十二年（1727 年）所撰写的《马蝗绊茶瓯记》记载，平安时代末的平重盛于安元初年（1175 年前后）向浙江杭州的育王山布施黄金，佛照禅师以该茶碗回赠，后为室町时代将军足利义政（1449~1473 年在位）所有。若伊藤东涯的记载为事实[4]，那么此种风格的龙泉青瓷始烧造年代可以上溯到 1175 年之前。

3. 黑胎玻璃质釉青瓷器形的年代

瓦窑路窑址出土的薄胎黑胎青瓷，不管是玻璃质釉还是凝厚釉，有些器形与慈溪低岭头窑址、南宋郊坛下官窑、杭州老虎洞窑南宋层出土的青瓷器形相近，而和龙泉窑早期常见的青瓷器形大相径庭。

慈溪低岭头窑址青瓷的年代最早，大约为南宋宋高宗绍兴前期，其产品主要特征包括圈足外撇或外斜、多使用支钉窑具装烧等，传承了北宋官窑及官汝窑的工艺。瓦窑路窑址出土的薄胎黑胎青瓷圈足器风格与之并不相符。

郊坛下官窑和老虎洞窑址的具体堆积情况比较复杂，两者都有前后期的区别。

郊坛下官窑早期为厚胎薄釉，带有北宋汝官窑风格，晚期发展为薄胎厚釉[5]。郊坛下官窑的"己亥"年地层出土Ⅰ型 1 式盘 T14③：140，直口高圈足外撇，厚胎薄釉[6]。若不考虑共存关系，该"己亥"年应属于郊坛下官窑早期，为宋孝宗淳熙六年（1179 年），而不会是宋理宗嘉熙三年（1239 年）。也就是说，郊坛下官窑的晚期应晚于 1179 年。瓦窑路窑址中的圆口盏、菱口折沿盘、折沿洗、盖杯、觚等器形，圈足矮直垫烧，无北宋汝官窑特征，而与郊坛下官窑晚期器形风格相同，同样为薄胎厚釉。

［1］浙江省文物考古研究所编：《浙江纪年墓与纪年瓷·丽水卷》，文物出版社，2019 年，第 122~180 页。
［2］朱伯谦：《龙泉窑青瓷》，艺术家出版社，1998 年，第 142 页。
［3］浙江省文物考古研究所编：《浙江纪年墓与纪年瓷·丽水卷》，文物出版社，2019 年，第 178 页。
［4］关于"马蝗绊"（"蚂蟥祥"）的年代有争论，因为根据纪年墓资料，相同风格的龙泉窑青瓷多出于南宋晚期墓葬中，且有莲瓣纹者居多，伊藤东涯的记载有根据传言而著的可能。从目前的考古发现，特别是瓦窑垟窑址的发掘资料来看，窄圈足的龙泉窑青瓷产品是南宋中期以后才生产的，所以基本可以证实其传言有所偏差。
［5］参见陈元甫《杭州老虎洞南宋修内司窑发现的启示》、邓和颖《南宋官窑探微》，二文均收录于《南宋官窑文集》（文物出版社，2004 年），书中第 27 页、42 页分别阐述了郊坛下官窑划为早晚期的情况及产品差异。
［6］中国社会科学院考古研究所、浙江省文物考古研究所、杭州市园林文物局编著：《南宋官窑》，中国大百科全书出版社，1996 年，第 21 页。

老虎洞窑址的堆积情况更为复杂，不仅有南宋地层还有元代地层，而且南宋地层出土的瓷器中同样存在郊坛下官窑早晚期相近的特征差异，唐俊杰将其归纳为"由厚胎薄釉发展为薄胎薄釉，继而为薄胎厚釉"[1]。老虎洞窑南宋堆积为南宋修内司窑，其始烧年代在宋高宗绍兴十九年至二十六年（1149~1156年）间[2]。从年代上说，修内司官窑早于郊坛下官窑是有文献记载的[3]。但从地层学和类型学的角度来说，两者有相近的早晚期产品特征，说明两者没有直接的先后关系而是共存关系。两者的早期产品确实存在文献记载的时间差异[4]，但老虎洞窑址南宋层的晚期产品应该与郊坛下官窑的晚期产品年代相仿。瓦窑路窑址与老虎洞窑址相似的器形有折肩纸槌瓶、敞口碗、葵口翻沿盘、杯、鬲式炉、觚等[5]，同样是圈足矮直垫烧风格，同样具备薄胎玻璃质釉的特征。

更值得注意的是，瓦窑路窑址也有厚胎薄釉青瓷，只不过老虎洞窑最早形态的厚胎薄釉体现的是北宋汝官窑的特征，而瓦窑路窑址的厚胎薄釉体现的是北宋以来龙泉窑的特征。

因此，瓦窑路窑址黑胎玻璃质釉青瓷的年代相当于老虎洞窑薄胎薄釉（玻璃质釉）产品的年代，晚于修内司官窑的始烧年代，也晚于郊坛下官窑的始烧年代，即晚于郊坛下官窑早期，故其年代应晚于1179年。

4. 小结

综上所述，厚胎薄釉灰白胎类至少在1207年之前就有烧造，黑胎玻璃质釉青瓷的烧造年代晚于1179年，粉青凝厚釉的始烧年代可能在1175年之前。因为瓦窑路窑址存在厚胎薄釉灰白胎青瓷、薄胎玻璃质釉开碎小片纹黑胎青瓷、薄胎粉青凝厚釉黑胎青瓷这三种类型青瓷的共存关系，所以瓦窑路窑址的绝对年代可能在1179~1207年之间，即宋孝宗淳熙年到宋宁宗开禧年间。若将南宋分为初、早、中、晚、末五期，则瓦窑路窑址的年代在南宋中期偏早阶段。

另外，瓦窑路窑址出土的坦口浅腹"河滨遗范"葵口碗，和1955年安徽宋墓出土的碗底墨书"庚戌年元美宅立"的"河滨遗范"葵口出筋碗相比，器形相近而无出筋。再次验证了此"庚戌"年为宋光宗绍熙三年（1192年）[6]，与龙泉窑东区大白岸的"淳熙"年地层相互对应。

三、产品性质

从龙泉窑大窑、龙泉东区等地的调查和发掘情况以及南宋官窑系列的青瓷对比来看有如下几点发现：

---

［1］唐俊杰：《南宋郊坛下官窑与老虎洞官窑的比较研究》，《南宋官窑文集》，文物出版社，2004年，第177页。参见邓和颖、唐俊杰编著《南宋官窑》（杭州出版社，2008年）、杜正贤主编《杭州老虎洞窑址瓷器精选》（文物出版社，2002年）等。

［2］关于修内司官窑的年代参见郑建华《关于修内司官窑问题的思考》（《南宋官窑文集》，文物出版社，2004年）。

［3］（宋）叶寘《坦斋笔衡》："置窑于修内司，造青器，名内窑，……后郊坛下别立新窑……"

［4］唐俊杰：《南宋郊坛下官窑与老虎洞官窑的比较研究》，《南宋官窑文集》，文物出版社，2004年，第181页。

［5］参见邓和颖、唐俊杰编著《南宋官窑》（杭州出版社，2008年）、杜正贤主编《杭州老虎洞窑址瓷器精选》（文物出版社，2002年）等。

［6］关于安徽"庚戌"年"河滨遗范"款葵口出筋碗的年代问题，任世龙先生在《山头窑与大白岸——龙泉东区窑址发掘报告之一》（《浙江省文物考古所学刊》，文物出版社，1981年）、《龙泉青瓷的类型与分期试论》［《中国考古学会第三次年会论文集（1981）》，文物出版社，1984年］中已明确，尤在《龙泉东区窑址发掘报告》中做了详细分析论证，大白岸"淳熙"年间（1174~1189年）地层BY24T5⑥层是其判断年代的纪年依据（详见浙江省文物考古研究所编《龙泉东区窑址发掘报告》，文物出版社，2005年，第404页）。

第一，瓦窑路窑址内出土的器物类型，除葵口碗等少数器形，如八方盏、菱口盏、菱口折沿盘、多角折沿盘、折沿洗、盖杯、把杯、盘口瓶、胆瓶、纸槌瓶、觚、尊、鬲式炉、鼓钉炉、樽式炉等都是11世纪末到12世纪初龙泉窑没有的器形，其中部分器形如纸槌瓶、觚、尊、鬲式炉等则是南宋官窑的典型器形。有觚、尊、炉等陈设器，也有瓶、盏、盘、盂等燕器。

第二，厚胎、足壁宽厚、外底垫烧的产品风格，是北宋以来龙泉窑一直传承的传统工艺风格。

第三，薄胎、窄圈足、足端刮釉垫烧的产品风格，器形基本传承自官窑，但在装烧方式上并没有传承官窑支钉支烧的方式，同时已经出现以直圈足、莲瓣纹装饰为代表的本土风格。

因此，从器物类型学的角度来说，瓦窑路窑址出土的大部分青瓷和传统龙泉窑青瓷属于不同的文化传承。可以说，瓦窑路窑址的黑胎青瓷是参照北宋以来官窑类型的器形而做的，但又有龙泉窑自己的特点。从器形风格上分析，瓦窑路窑址应该是龙泉窑中比较早的传承官窑风格的窑场。因为相对较为单一的生产黑胎青瓷，且生产的瓷器器形丰富但数量较少，不同于古代民窑碗、盘比率极高且数量极大的生产特点，所以该窑场即便不是官办窑场，也应是由官窑组织或有官窑工匠直接参与的窑场，或许也和南宋初年的"余姚窑"一样担负着承烧明堂祭器的任务。

虽然瓦窑路窑址产品的器形风格和南宋官窑的器形风格有很多相同之处，但也存在着明显不同的特征。瓦窑路窑址出土的碎小开片纹络黑胎青瓷，片纹碎小呈灰白或灰黄色，品貌一致，并不是偶然烧成而是刻意制作的。其釉质为玻璃质釉，是单次釉产品。并且该窑址在很短的时间后就转而生产粉青凝厚釉的产品，与官窑开片凝厚釉产品类型有差别，已经具有南宋中晚期独特的龙泉窑风格的一些特征。13世纪的龙泉各地窑口都相继生产这种薄胎、窄圈足、足端刮釉垫烧工艺风格的青瓷，并且以莲瓣碗、荷叶盖罐、象纽盖罐、龙耳簋式炉、三足蟾形水盂等为典型器形，形成独特的薄胎厚釉工艺。南宋中期的龙泉窑开拓出了大异于传统厚胎青瓷的薄胎精品瓷工艺风格。

综上所述，瓦窑路窑址很可能是12世纪末到13世纪初龙泉窑开拓新工艺风格时期的窑场，即便不是官办窑场，也应是官府组织引导或官窑工匠参与生产的窑场，生产的黑胎青瓷应是供应皇家或官府使用的。

第二章　瓦窑垟宋元窑址

第一节　概况

一、地理位置和历史沿革

瓦窑垟窑址位于浙江省龙泉市查田镇溪口行政村上墩自然村附近。北距溪口村约 2.5 千米，南离上墩村 800 米。窑址地理坐标为北纬 27°55′14.0″、东经 118°58′44.0″，海拔高度约 300 米。（参见彩图 1-1）

查田镇位于龙泉至庆元的必经之路上，唐至元末属延庆乡境内三都、四都地。明洪武三年（1370 年），庆元县并入龙泉县，在查田设立巡检司。洪武十三年（1380 年）复置庆元县，撤销查田巡检司。1929 年设查田镇。1949 年后设查田区。1958 年属梅岭公社，后属梅岭区。1984 年改称查田乡。1988 年 12 月撤销查田乡，设立查田镇至今。

上墩村原名墩头村，2009 年改名为上墩村。

二、窑址发掘经过

瓦窑垟窑址从清末至民国乃至发掘之前曾无数次被盗掘，现场一片狼藉，地表几乎捡不到一片像样的瓷片，到处是多次扰乱的扰乱坑，几无发现窑址原生堆积的可能。但由于该窑址遗物的重要性和特殊性，为了更深入的研究龙泉窑青瓷，特别是龙泉窑黑胎青瓷，经国家文物局审批同意［考执字（2011）第 97 号］，浙江省文物考古研究所、北京大学考古文博学院、龙泉青瓷博物馆等联合组成考古队，由浙江省文物考古研究所沈岳明研究员为领队，对该窑址进行了科学的考古发掘。

瓦窑垟窑址的发掘工作分为两个阶段进行。

第一阶段从 2010 年 10 月底至 2011 年 1 月初，参与人员有浙江省文物考古研究所沈岳明、徐军，龙泉青瓷博物馆周光贵、杨冠富，北京大学博士生刘未、戴柔星、申浚、刘净贤，新加坡国立大学博士生辛光灿，中国艺术研究院硕士生纪东歌、于璐，香港中文大学黄伟军。（彩图 2-1）

第二阶段从 2011 年 4 月至 12 月，参与人员有浙江省文物考古研究所沈岳明、徐军，龙泉青瓷博物馆周光贵、吴涛涛，技工齐东林、李玲巧、吕建平。

第一阶段采用全站仪布方，坐标原点地理坐标为北纬 27°55′10.6″、东经 118°58′40.2″，海拔

彩图 2-1　相聚瓦窑垟纪念照

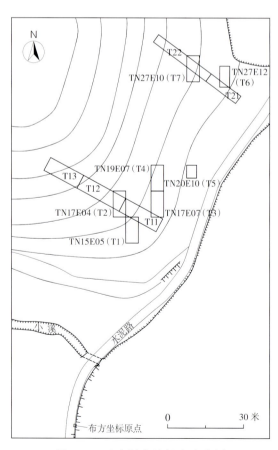

图 2-1　瓦窑垟窑址探方分布图

288±8 米。布方 6 处。（图 2-1）

　　布方 1：西南角坐标 N70E20，东西宽 5、南北长 10、相对高 9 米，探方编号 TN15E05-h9.0，缩称为 TN15E05，简编为 T1。探方发掘负责人戴柔星。

　　布方 2：西南角坐标 N80E15，东西宽 5、南北长 10、相对高 12.4 米，探方编号 TN17E04-h12.4，缩称为 TN17E04，简编为 T2。探方发掘负责人刘净贤。

　　布方 3：西南角坐标 N80E30，东西宽 5、南北长 10、相对高 8.9 米，探方编号 TN17E07-h8.9，缩称为 TN17E07，简编为 T3。探方发掘负责人申浚。

　　布方 4：西南角坐标 N90E30，东西宽 5、南北长 10、相对高 5.3 米，探方编号 TN19E07-h8.5，缩称为 TN19E07，简编为 T4。探方发掘负责人辛光灿。

　　布方 5：西南角坐标 N95E44，东西宽 4、南北长 5、相对高 4.6 米，探方编号 TN20E10-h4.6，缩称为 TN20E10，简编为 T5。探方发掘负责人徐军。

　　布方 6：西南角坐标 N130E57，东西宽 4、南北长 8、相对高 5.3 米，探方编号 TN27E12-h4.6，缩称为 TN27E12，简编为 T6。探方发掘负责人刘未。

布方 7：西南角坐标 N132E44，东西宽 4、南北长 10、相对高 9.15 米，探方编号 TN27E10-h9.15，缩称为 TN27E10，简编为 T7。探方发掘负责人刘未。

纪东歌、于璐、黄伟军参与了各探方的发掘工作及初步整理工作。

在第一阶段探方发掘工作中确认了两处龙窑的具体位置，编号为瓦窑垟 Y1、Y2。各探方内出土了大量龙泉窑白胎青瓷、黑胎青瓷、窑具等，可惜的是确实没有找到原生的堆积地层。

第二阶段发掘工作以已布探方为依托，对两处龙窑进行发掘。Y1 的发掘在 TN27E12 以东编号为 T21，发掘面积 51 平方米；以西编号为 T22，发掘面积 90 平方米。Y2 的发掘在 TN17E04 以东编号为 T11，发掘面积 93 平方米；TN17E04 以西编号为 T12，发掘面积 105 平方米。在 T12 西部发现 Y3、Y4，遂在 T12 以西布方 T13 发掘 Y4，发掘面积 82 平方米。Y3 内西部扰坑下发现 Y5。在 Y3、Y4、Y5 中都发现了局部原生未扰乱的堆积。因地理条件限制，未能找到作坊区。

第二节　地层与遗迹

一、地层

虽然地层最多的探方分出了 10 层，但都是扰乱的二次堆积地层，在地层中有各种现代杂物，故此不对地层作分层描述。扰乱地层下最浅处 0.5 米、最深处 3.5 米为生土层。

在徐渊若的《哥窑与弟窑》一书中详细记载了瓦窑垟窑址的发现经过并提到了其中的地层区分："溪口墩头方面之哥窑，过去无人注意，至民（国）二十八年十月间，有江西客商章九堤、王少泉等前来采购，始认真开掘，遂知有铁骨、铁沙底、铜边、铁足等区别。据邑人吴文苑氏谈：溪口之旧窑址，上层均系普通之龙泉窑，三十年秋，更发掘而下，始发现现时之薄胎铁骨云。"[1]

从上述记载可知，瓦窑垟窑址的原生堆积地层上层仅为白胎龙泉青瓷，下层才有薄胎黑胎青瓷。由此判定，上层为元代的厚胎白胎青瓷，下层为南宋时期薄胎的黑胎、灰胎、白胎青瓷。

二、遗迹

瓦窑垟窑址发现龙窑遗迹两处。一处为单一的一条龙窑，编号 Y1。另一处为存在叠压打破关系的四条龙窑，按发现时间编号为 Y2、Y3、Y4、Y5。（彩图 2-2）

（一）Y1 结构

Y1 为斜坡式龙窑结构，坐落于半山腰，依山坡而建，西高东低。清理总长 36.45[2]、宽 1.9~2.1 米，东西高差 9.9 米，坡度 21°，方向 126°。（彩图 2-3；图 2-2）

[1] 徐渊若：《哥窑与弟窑》，百通（香港）出版社，2001 年。
[2] 由于尾端正对着一座现代墓，发掘未清理到窑尾排烟坑位置。

彩图 2-2　瓦窑垟窑址发掘区

彩图 2-3　瓦窑垟窑址窑炉遗迹 Y1

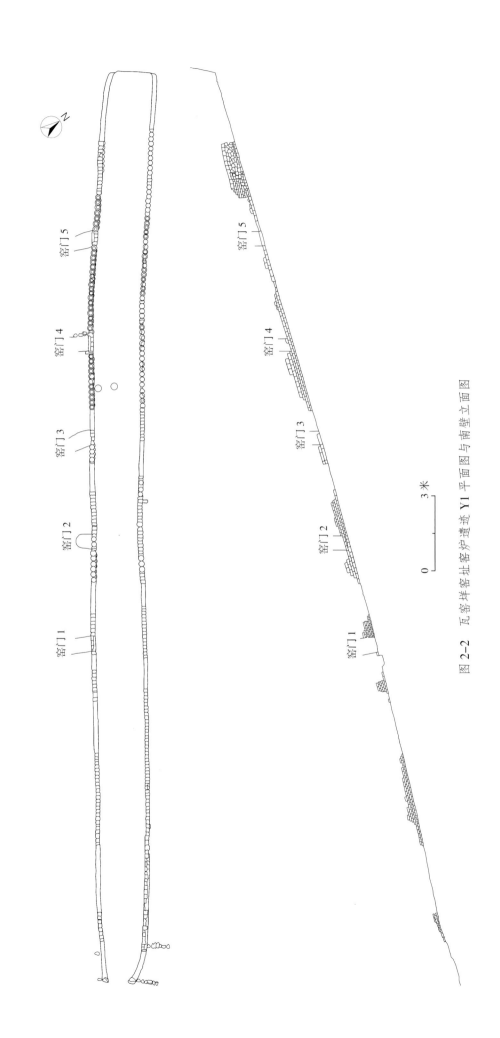

窑门 5　窑门 4　窑门 3　窑门 2　窑门 1

窑门 5　窑门 4　窑门 3　窑门 2　窑门 1

0　　　3 米

图 2-2　瓦窑坪窑址窑炉遗迹 Y1 平面图与南壁立面图

　　从清理迹象看，由于扰乱严重，已无原生地层，表层及窑室底部全为扰土，厚 0.4~1.5 米不等。操作间、火门、火膛全已毁坏。

　　窑室两侧窑壁 0~16 米段均为窑砖错缝砌成。完整砖块平面为梯形，长 16、宽 16~18、厚 7 厘米。残留窑壁断断续续，高低不等，高 0.07~0.45 米。此段内南窑壁有 1 处窑门，编号为窑门 1。两侧窑壁 16~36.45 米段均为匣钵错缝砌成。匣钵大小不等，直径 20~25、高 10~12 厘米。此段跟砖窑壁相比保存要好一些，残窑壁虽亦高低不等，但整体是连通的，窑壁残高 0.1~0.7 米，局部偶尔会用几块窑砖。此段内南窑壁共有窑门 4 处，编号为窑门 2 至窑门 5。窑砖段窑床底部被 3 处扰坑打破，匣钵段窑底基本完整。

　　窑门 1，位于窑室南壁 13.75 米处。门底部至地表 0.73 米，至窑床底 0.26 米。由 4 层窑砖砌成，宽 0.65 米。平面呈长方形，方向 226°，稍倾斜于西南。墙壁与窑床底衔接处有踩踏烧结斜面。（图 2-3；彩图 2-4）

　　窑门 2，位于窑室南壁 18.25 米处。门底部至地表 0.9 米，至窑床底 0.24 米。由两层匣钵砌成，

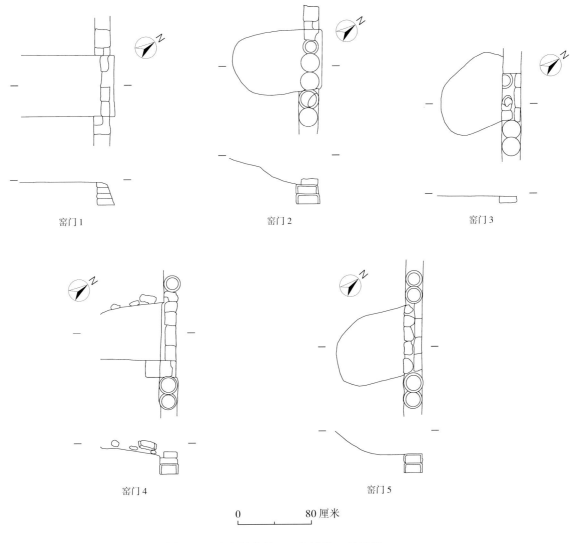

窑门 1　　　　　　　　　　　窑门 2　　　　　　　　　　　窑门 3

窑门 4　　　　　　　　　　　窑门 5

0　　　　　　80 厘米

图 2-3　瓦窑垟窑址 Y1 窑门平、剖面图

窑门 1　　　　　　　　　　　　　　　　　窑门 5

彩图 2-4　瓦窑垟窑址 Y1 窑门

宽 0.65 米。平面呈长方形，方向 235°。墙壁与窑床底衔接处有踩踏烧结斜面。（图 2-3）

窑门 3，位于窑室南壁 22.75 米处。门底部至地表 1.26 米，至窑床底 0.11 米。由一层匣钵砌成，宽 0.65 米。方向 225°，稍倾斜于西南。墙壁与窑床底衔接处有踩踏烧结斜面。（图 2-3）

窑门 4，位于窑室南壁 26.75 米处。门底部至地表 1.55 米，至窑床底 0.2 米。由两层匣钵砌成，宽 0.65 米。平面呈长方形，方向 210°。窑门西壁残留有几块石头。墙壁与窑床底衔接处有踩踏烧结斜面。（图 2-3）

窑门 5，位于窑室南壁 30.5 米处。门底部至地表 1.25 米，至窑床底 0.1 米。由一层匣钵砌成，宽 0.65 米。平面呈长方形，方向 215°。墙壁与窑床底衔接处有踩踏烧结斜面。（图 2-3；彩图 2-4）

（二）Y2 结构

Y2~Y5 存在叠压打破关系，Y2 叠压 Y4，Y4 打破 Y3，Y3 叠压 Y5。（图 2-4；彩图 2-5）

Y2 为斜坡式龙窑，方向 118°，坡度 19°~22°。扰乱严重，火门、操作间已经无存，窑壁亦保存不全。残长 36、宽 1.80~1.95、残高 0~0.66 米。残存部分有火膛、窑门、窑室、排烟坑。窑室南壁外侧有护墙，护墙距窑室南壁内侧约 2 米。护墙用石头砌成，残高 0.8 米，墙体宽度根据石头的大小而定，宽 0.2~0.36 米。护墙与窑室南壁之间亦受扰乱，仅发掘了 2 米的长度。

1. 火膛

位于窑室的东部，火膛以东部无存，故火门及操作间情况不详。火膛平面形状可看出呈椭圆形，宽 1.28、进深 0.66、残高 0.54 米，南部残存 9 层砖。火膛内侧偏东侧有一道南北向墙体痕迹，用窑砖砌成，残留南、北两侧小部分，中部已全部被破坏。火膛东北部被一扰坑打破，火膛东北部及火门全部无存。火膛底部被扰坑打穿，未见烧结面及灰烬土。（图 2-5；彩图 2-6）

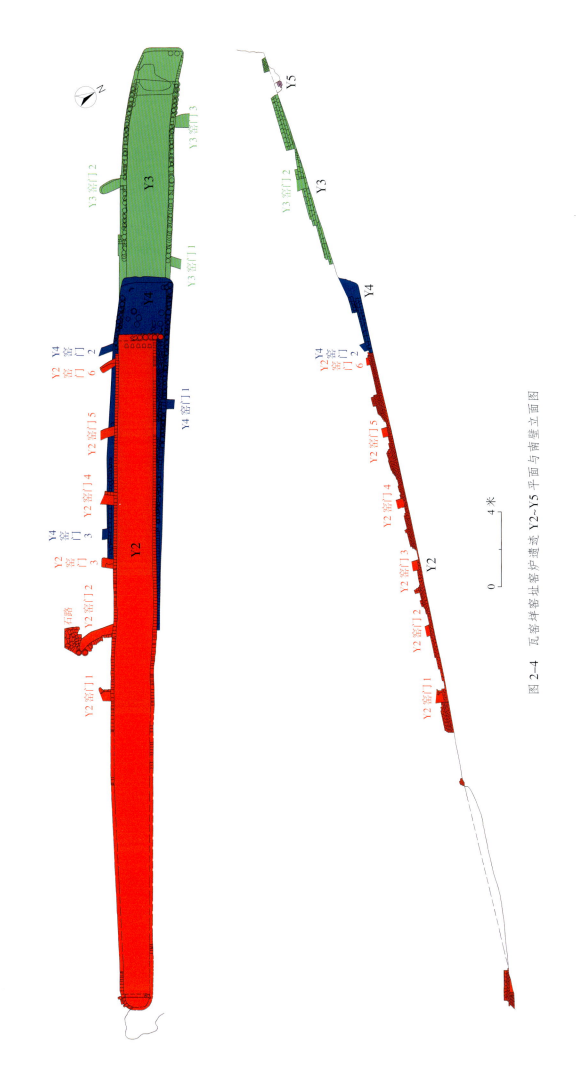

图 2-4 瓦窑坪窑址窑炉遗迹 Y2~Y5 平面与南壁立面图

彩图 2-5　瓦窑垟窑址窑炉遗迹 Y2

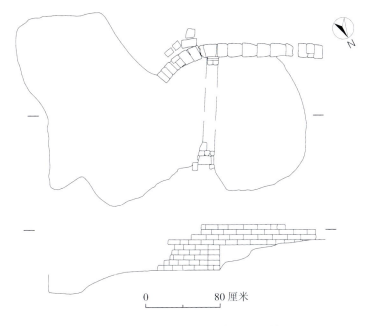

图 2-5 瓦窑垱 Y2 火膛及操作间平、剖面图

彩图 2-6 瓦窑垱窑址 Y2 火膛

2. 窑门

均位于窑室南壁，东部的窑门全部破坏无存，只残存中部和西部的 6 处窑门，由东向西分别编号为窑门 1 至窑门 6。

窑门 1，位于窑室南壁中部略偏东，方向 210°，略向西倾斜。平面呈长方形，残长 0.18~0.84、宽 0.5、残高 0.06~0.5 米。只残存西侧墙体，墙体北部为砖墙、南部为石墙，均残存 3 层。窑门底部距窑床面 0.08~0.14 米。窑门口在进入窑室处有 3 厘米的烧结面。窑门西墙内侧有踩踏面，较薄，呈灰褐色。东部边线主要根据踩踏面及窑门口烧结面来划分。窑床烧结面在此处较厚。（彩图 2-7；图 2-6）

窑门 2，位于窑室南壁中部，方向 196°，略向东倾斜。窑门 2 东墙内侧距窑门 1 西墙内侧约 3 米。平面呈长方形，长 2.1、宽 0.5、残高 0.18~0.34 米。只残存东侧墙体，北部为砖墙、中间为石墙，均残存 3 层；最南部是一层匣钵墙。窑门底部距窑床面 0.1~0.18 米。窑门东墙内侧有踩踏面，较薄，呈灰褐色。西部边线主要是根据踩踏面及窑门口烧结面来划分。窑床烧结面在此处较厚。（彩图 2-7；图 2-6）

在窑门 2 南侧紧贴窑门有一处石头路面，呈西高东低坡状，较缓。平面呈梯形，南侧长 1.02、北侧长 1.26 米，西侧宽 0.8、东侧宽 0.86 米，高 0.08~0.12 米，高度以石头大小而定，路面凹凸不平。用途暂时判断为 Y2 各窑门外侧的一条东西通道，由于其余部位均已破坏，形成现存情况。

窑门 3，位于窑室南壁中部略偏西，方向 214°，略向东倾斜。窑门 3 东墙内侧距窑门 2 西墙内侧约 2.8 米。平面呈长方形，残长 0.18~0.6、宽 0.5、残高 0.08 米。两侧墙体均已无存，只在窑门口残存烧结面痕迹。窑门底部距窑床面 0.14~0.22 米。窑室南壁外侧残存部分踩踏面，其中西侧已被打穿无痕迹。踩踏面较薄，呈灰褐色，南北残长 0.4、东西宽 0.2~0.26 米。窑门的宽度大

窑门 1

窑门 2

彩图 2-7　瓦窑垟窑址 Y2 窑门

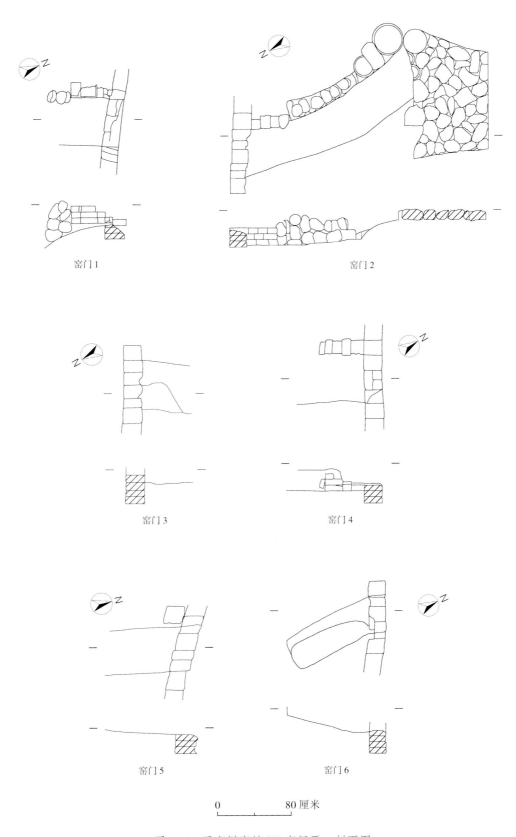

窑门 1　　　　　　　　　　　　　　窑门 2

窑门 3　　　　　　　　　　　　　　窑门 4

窑门 5　　　　　　　　　　　　　　窑门 6

0 _____ 80 厘米

图 2-6　瓦窑垱窑址 Y2 窑门平、剖面图

小主要根据踩踏面及窑门口烧结面来划分。窑床烧结面在此处较厚。窑门 3 打破 Y4 南墙壁。（图 2-6）

窑门 4，位于窑室南壁中部偏西，方向 212°，略向西倾斜。窑门 4 东墙内侧距窑门 3 西墙内侧约 2.8 米。平面呈长方形，残长 0.82、宽 0.5、残高 0.23 米。只残存西部墙体，残存 3 层砖，高 0.18 米。窑门底部距窑床面 0.1~0.12 米。西墙东侧残存有较薄的灰褐色踩踏面。窑门的宽度大小主要根据踩踏面及窑门口烧结面来划分。窑床烧结面在此处较厚。窑门 4 打破 Y4 南墙壁。（图 2-6）

窑门 5，位于窑室南壁偏西，方向 190°，略向东倾斜。窑门 5 东墙内侧距窑门 4 西墙内侧约 3.2 米。平面呈长方形，残长 0.8、宽 0.5 米，高度不详。窑门底部距窑床面 0.14~0.20 米。只残存较薄的灰褐色踩踏面。窑门的宽度大小主要根据踩踏面及窑门口烧结面来划分。窑床烧结面在此处较厚。窑门 5 打破 Y4 南墙壁。（图 2-6）

在窑门 5 西侧紧贴窑室南壁有一块砖，其低于窑门 5 底部踩踏面，故推测可能为 Y4 南壁墙体上的砖，而不是窑门 5 西侧残存的墙体。

窑门 6，位于窑室南壁偏西，方向 174°，略向东倾斜。窑门 6 东墙内侧距窑门 5 西墙内侧约 3.1 米，窑门 6 西距窑室后墙内侧约 0.75 米。平面呈长方形，残长 1.02、宽 0.38 米。窑门底部距窑床面 0.18~0.24 米。两壁已残。只残存东侧较薄的灰褐色踩踏面，南北长 0.84、东西宽 0.27 米。窑门的宽度大小主要根据踩踏面及窑门口烧结面来划分。窑床烧结面在此处较厚。窑门 6 打破 Y4 南墙壁。（图 2-6）

3. 窑室

破坏严重，部分已被打穿。Y2 打破 Y4。平面呈长方形，残长 34.5、宽 1.8~1.95、残高 0~0.66 米。窑室南、北两侧为砖墙，保存差，残留墙体断断续续，最高处保存 12 层砖。后墙体为匣钵墙，其中南侧墙体已被破坏无存；北侧保存 5 层匣钵，总高 0.6 米，匣钵直径不等，基本为 25~28 厘米。窑床面高低不平，整体呈西高东低斜坡状，坡度 15°。窑床部分烧结面保存较好。从剖面上看为一层沙土一层烧结面，共有 3 层烧结面，最上部烧结面厚 0.06 米，下面两层烧结面厚 0.03 米。

Y2 是在 Y4 废弃后，平整 Y4 窑室，先用匣钵南北向垒砌一道墙体作为窑室后墙与 Y4 南、北两墙相连，再在 Y4 南墙残留的墙体上垒砌 Y2 南墙，Y2 北墙体则位于 Y4 北墙体内侧。由于 Y2 与 Y4 的方向略有偏差，使得 Y2 位于 Y4 之内，可以用 Y4 的墙体作为护墙，但是 Y2 东部的南墙体全部打破 Y4 南墙，没有了护墙，故在 Y2 东部的南墙外侧又修建了石墙作为护墙。墙体根据底部斜坡面垒砌，全部建好后再在窑室后部垒砌几道砖堆，形成烟道和排烟坑。火膛则是先垒砌一道南北向的砖墙作为基础，再与窑室两侧墙体相互交错向上垒砌而成。窑室墙体砖的平面呈梯形，长 18、宽 15~18、厚 6 厘米。

4. 排烟坑

排烟坑位于窑室后部，是用砖垒砌成砖堆相隔而成。共有 6 道隔墙 7 个烟道，其中南部一道隔墙被破坏无存，残留 5 道隔墙。隔墙与隔墙之间为烟道，为了便于介绍，均由北向南编号。（彩

图 2-8；图 2-7）

　　第一道隔墙距窑室后墙内侧 0.16 米，距窑室北墙壁内侧 0.1 米，残存 3 层砖，残高 0.18 米。第二道隔墙距窑室后墙内侧 0.16 米，距第一道隔墙 0.1 米，距第三道隔墙 0.13 米，隔墙残存 5 层砖，残高 0.3 米。第三道隔墙距窑室后墙内侧 0.18 米，距第二道隔墙 0.13 米，距第四道隔墙 0.13 米，残存 5 层砖，残高 0.3 米。第四道隔墙距窑室后墙内侧 0.16 米，距第三道隔墙 0.13 米，距第五道隔墙 0.1 米，残存 6 层砖，残高 0.36 米。第五道隔墙距窑室后墙内侧 0.14 米，距第四道隔墙 0.1 米，距窑室南墙壁内侧 0.44 米，残存 4 层砖，残高 0.24 米。

　　烟道 1 宽 0.1~0.12、残高 0.18、进深 0.18 米。烟道 2 宽 0.1~0.12、残高 0.18~0.3、进深 0.18~0.2 米。烟道 3 宽 0.13~0.16、残高 0.3、进深 0.18~0.2 米。烟道 4 宽 0.13~0.18、残高 0.3~0.36、进深 0.18 米。烟道 5 南宽 0.1~0.14、残高 0.24~0.36、进深 0.18 米。烟道 6 宽 0.44、残高 0.12~0.24、进深 0.18 米。其中烟道 6 的宽度应包括了原烟道 6 和烟道 7 以及第六道隔墙的宽度，因为两烟道之间的隔墙被破坏，形成烟道 6 现状。

　　烟道与后墙之间的空隙为排烟坑，长 1.95、宽 0.14~0.18、残高 0.18~0.6 米。排烟坑与各烟道之间填黑色烟熏土，土质松散，夹杂少许匣钵残片、青瓷残片等。

彩图 2-8　瓦窑垭窑址 Y2 排烟坑

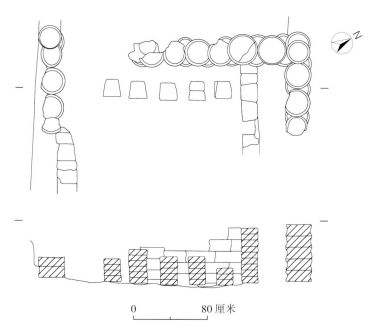

图 2-7 瓦窑垟窑址 Y2 排烟坑平、剖面图

排烟坑内外未被扰乱，属原生堆积。在 Y2 后墙（西墙）匣钵内有青瓷素面盏 1 件（330【Y2：1）；烟道近东侧出土青瓷盅 1 件（Y2：2）、折腹青瓷洗 1 件（329【Y2：3）；排烟坑北部出土灰黑胎高足杯 1 件（165【Y2：4）。

（三）Y3 结构

Y3 为斜坡式龙窑，方向 123°。Y3 叠压 Y5，东部被 Y4 打破，仅残存窑室西半部窑尾部分，看不出排烟坑情况。残存平面呈长方形，上口残长 13.15 米，底部残长 14.10 米，宽 1.95~2.15 米，残高 0.05~0.96 米，坡度 18°。Y3 外部有生土坑壁。土圹南侧残长 13 米，北侧残长 11.9 米，宽 2.2~2.8 米，南侧残高 0.6~1.2 米，北侧残高 0.3~0.86 米。（参见图 2-4；彩图 2-9）

窑墙大部分为匣钵墙，只在窑室西部有部分砖墙。南墙残长 10.5、残高 0.08~0.6 米。北墙残长 10.95 米，残高 0.1~0.96 米。窑墙内匣钵直径不等，为 22~25 厘米，高度有 10 厘米和 15 厘米两种。窑砖为梯形砖，长 18、宽 16~18、厚 6 厘米。南、北两墙体的最西部均为残砖和残匣钵砌成，墙体宽 0.12 米。窑室最西端利用生土坑壁作为墙体，高 1.37 米。在窑室南、北墙壁上共有 3 个窑门，北墙壁东侧的为窑门 1、西侧的为窑门 3，南墙壁的为窑门 2。

窑床面高低不平，整体呈西高东低斜坡状，坡度 15°。窑室西部有一扰坑打穿窑床，可以看出烧结面上部有一层沙土。

窑门 1，位于窑室北壁东部，方向 39°，向东倾斜。窑门 1 西距窑门 3 东部约 6.6 米，正好在窑室北墙体东部残端处。平面呈长方形，未发掘到头，残长 0.68、宽 0.5 米。窑门底部距窑床面 0.22 米。窑室北壁外窑门处为踩踏面，窑门的宽度大小主要根据踩踏面及窑门口烧结面来划分。踩踏面较薄，呈灰黄色，南北长 0.42、东西宽 0.5、厚 0.03 米。窑床烧结面在此处较厚。窑门口有一层匣

钵被破坏、东侧全部被破坏，窑门口底部只残存一层匣钵，踩踏面高于残存墙体。（彩图 2-10；图 2-8）

窑门 2，位于窑室南壁中部，方向 184°，向东倾斜。窑门 2 西距窑尾内侧约 7 米。平面呈长方形，长 1.26、宽 0.46~0.86、残高 0.18 米，窑门口宽 0.46 米，土圹残高 0.2 米。窑门底部距窑

彩图 2-9　瓦窑坪窑址窑炉遗迹 Y3

窑门 1

窑门 3

彩图 2-10　瓦窑坪窑址 Y3 窑门

床面 0.16~0.22 米。窑门底部呈斜坡状，坡度为 8°。从残存情况可看出，窑门口是用砖砌墙。南侧是直接在生土上挖一斜坡凹槽。在斜坡面上有较薄的灰褐色踩踏面，踩踏面南北长 0.96、东西宽 0.68 米。窑门南部东侧坍塌使现存窑门宽于踩踏面 0.16 米。在窑门口底部有宽 0.12 米的烧结面。（图 2-8）

窑门 3，位于窑室北部西侧，方向 26°，向东倾斜。窑门 3 西距窑尾内侧约 3.34 米，东距窑门 2 西部约 6.6 米。平面呈长方形，未发掘到头，残长 0.6、宽 0.5、残高 0.06 米。窑门底部距窑床面 0.14 米。未发现墙体，只在窑门口北部发现有较薄的灰褐色踩踏面，窑门的宽度大小主要根据踩踏面及窑门口烧结面来划分。在窑门口底部有宽 0.08 米的烧结面，延伸到窑壁上，有人为踩踏的痕迹。窑床烧结面在此处较厚。（彩图 2-10；图 2-8）

Y3 是在 Y5 废弃后，利用 Y5 残留，在其上部加宽加长修筑而成。最先平整铺垫到与 Y5 残留同高，再向南加宽土圹边缘及向西加长土圹边缘到所需要的大小，最后紧贴生土壁用砖和匣钵砌墙。周围均为生土，可起到护墙的作用。在所需要留窑门的地方，窑墙在两侧垂直向上形成窑门。

经解剖 Y3 和 Y5 的关系，发现 Y3 在平整 Y5 时，铺垫有 3 层土。最底部一层厚 0.24~0.28 米，土色呈红褐色，土质松散，含风化石较多；中间一层厚 0.1 米，土色呈红褐色，土质松散，较纯净，无包含物；最上部一层即 Y3 的窑床烧结面，厚 0.14~0.16 米，土色呈灰褐色，土质较硬，无包含物。

Y3 西北角窑底局部为原生堆积。

在窑室内西北角有青瓷素面折腹洗 1 件（153】Y3∶1）、青瓷盏 2 件（Y3∶2、123】Y3∶3）。在窑门 2 处出土青瓷盏 1 件（124】Y3∶4）。

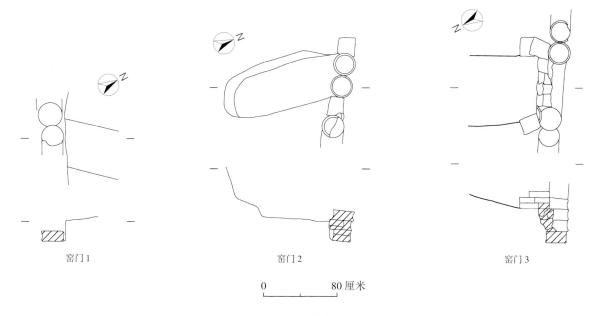

窑门 1　　　　　　　　　　　窑门 2　　　　　　　　　　　窑门 3

0　　　　　80 厘米

图 2-8　瓦窑垟窑址 Y3 窑门平、剖面图

（四）Y4 结构

Y4 为斜坡式龙窑，方向 120°。东部被 Y2 打破，Y4 打破 Y3 东部。残存窑室尾部。残长 18.45、宽 2.05~2.2、残高 0~0.8 米。在窑室南、北墙壁上各有一个窑门，北侧为窑门 1，南侧为窑门 2。（参见图 2-4；彩图 2-11）

窑室位于火膛西侧，顶部及东部破坏严重，窑室后墙只残存西北角小部分。平面呈长方形，上部残长 14.7~18.45 米，底部残长 14.4~18.15 米，宽 2.2 米。南墙残高 0~0.6 米，土圹最高 1.1 米；北墙残高 0.18~0.6 米，土圹最高 0.6 米；西墙残高 0~0.2 米，土圹最高 0.84 米。底部呈斜坡状，西高东低，坡度为 17°。

南墙残存的东部为砖墙、西部为匣钵墙，二者相互错缝。匣钵墙在最西部残存最高，为 4 层匣钵，最底部匣钵较小，以南北向并列两排匣钵作为墙体底部，故墙体底部厚于墙体上部；北墙是砖和匣钵混合使用，残存最高处为 5 层匣钵，但北墙匣钵高度低于南墙匣钵高度（南墙匣钵高 0.15 米，北墙匣钵高 0.12 米）；西墙只残存北侧的两层匣钵，匣钵高 0.1 米，此外西墙上部土圹坍塌，与底部形成 0.3 米的斜度。墙体匣钵直径不等，一般为 22 厘米、25 厘米、30 厘米。

在 Y4 窑室窑床上有 8 个匣钵，均为匣钵口向下。匣钵口与窑床面相接处，东侧均有匣钵残

彩图 2-11　瓦窑垱窑址窑炉遗迹 Y4

片铺垫，部分深入土内，使得匣钵底面较平，推测这些匣钵可能是用于放置器物。窑床面上烧结面几乎无存，只有烧黑的沙土，推测此窑使用时间不是很久。

窑门 1 位于窑室北壁西部，方向 37°，向东倾斜。窑门 1 西距窑室西部约 6.13 米。平面呈长方形，未发掘到头，残长 0.58、宽 0.5、残高 0.24~0.34 米。窑门底部应距窑床面 0.22 米。踩踏面较薄，呈灰褐色，南北长 0.38~0.40、东西宽 0.5 米。窑门口有一层砖被破坏，窑门口底部只残存 3 层砖。窑床烧结面在此处较厚。（图 2-9）

窑门 2 位于窑室南壁西部，方向 188°，向东倾斜。西距窑室西部约 3.15 米。平面呈长方形，未发掘到头，残长 0.9、宽 0.4 米，高度不详。窑门底部应距窑床面 0.3 米。在斜坡面上有较薄的灰褐色踩踏面，南北长 0.96、东西宽 0.68 米。窑门口有一层匣钵被破坏，窑门口底部只残存一层匣钵，故窑门口的烧结面无存。（图 2-9）

窑门 3 位于窑室南壁中部，即 Y2 窑门 3 和窑门 4 之间，方向 188°，向东倾斜。西距窑门 2 约 9 米。平面呈长方形，残长 0.35、宽 0.5、残高 0.06 米。由于未发掘到窑底，所以窑门底部距窑床面情况不详。墙体大部分已破坏无存，只残存西墙小部分砖墙，残存两层砖。砖墙外侧有一排石头，可能是外侧坍塌，在修墙时补上的石头。在砖墙东侧地面上有较薄的灰褐色踩踏面，南北长 0.6、东西宽 0.5 米。（图 2-9）

Y4 是在 Y3 废弃后，打破 Y3 东部，在此地面向下挖一南北宽 2.8~3 米的土圹，然后在其内地面紧贴生土边用砖及匣钵砌墙而成。周围均为生土，可起到护墙的作用。在所需要留窑门的地方，窑墙在两侧垂直向上形成窑门。

Y4 在 Y2 排烟坑以西段的窑底未曾扰乱，为原生堆积。

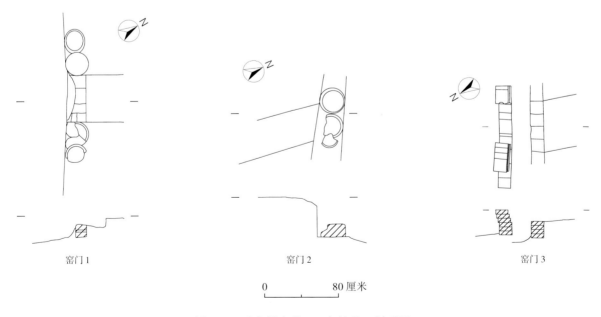

窑门 1　　　　　　　　　　窑门 2　　　　　　　　　　窑门 3

0　　　　　80 厘米

图 2-9　瓦窑垟窑址 Y4 窑门平、剖面图

出土可复原器物 7 件：在窑室西部与 Y2 相连处出土青瓷莲瓣纹盏 1 件（Y4：1），与匣钵连于一体；在窑室北部出土灰胎青瓷梅花盏 1 件（Y4：2）；在窑室中部出土黑胎青瓷梅花盏 1 件（115】Y4：3）、青瓷莲瓣纹盏 1 件（117】Y4：4）；在窑室西部与 Y2 后墙相连处出土生烧菊瓣纹盏 1 件（331】Y4：5）；在窑室南墙上的匣钵内出土菊瓣纹盏 2 件（Y4：6、Y4：7）。

（五）Y5 结构

Y5 是在清理 Y3 内西部扰坑时发现的，被 Y3 叠压，开口于 Y3 墙体之下，开口距地表 2.2 米。发掘部分宽 2、残高 0.42~0.5 米。墙体全部由匣钵组成。窑床底及窑壁都未见窑汗。（图 2-10；彩图 2-12）

Y5 发掘部分见有窑门 1 个，位于窑室南壁上。西距 Y3 窑尾 3.6 米，东距 Y3 窑门 2 约 0.9 米。上口长 1.48、宽 0.56 米，底部长 1.08、宽 0.46 米，残高 0.46 米。最底部有一层较薄的灰褐色踩踏面，北部踩踏面被 Y3 窑墙打破，但底部略平。南壁上部为斜坡状，下部似有台阶，台面宽 0.46、进深 0.26、高 0.12 米。（彩图 2-13）

Y5 虽被 Y3 叠压打破，但窑门处出土青瓷翻沿折腹盘 1 件（Y5：2），窑门西侧小坑内出土青瓷器盖 1 件（Y5：1）。

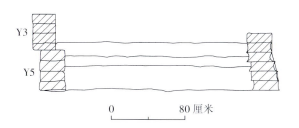

图 2-10　瓦窑垱窑址 Y3 叠压 Y5 剖面图

彩图 2-12　瓦窑垱窑址 Y3 和 Y5 叠压关系（北壁）

彩图 2-13　瓦窑垱窑址 Y5 窑门

第三节　遗物

一、青瓷遗存

由于出土物多数为极为碎小的瓷片，且窑址遭受多年扰乱，统计数量毫无意义，故未做数量统计。以下仅选取具有代表性的器物分类型介绍，以展示窑址当年的生产状况。瓦窑垟窑址出土器物除了生烧器以外，大多数为灰白胎和灰胎（灰白胎类），有少量的为黑胎和灰黑胎（黑胎类）。出土青瓷器形比较丰富，主要有碗、盏、盅、盘、洗、杯、碟、钵、盏托、高足杯、罐、壶、盒、器盖（罐盖、盒盖、瓶盖）、瓶、觚、尊、炉（鬲式炉、鼓钉炉、樽式炉）、灯、滴管、鸟食罐、鸟食碟、器座等。此外还出土了较大量的生产装烧用具，主要有火照、荡箍、匣钵、垫饼、垫盏等。

（一）碗

按口沿不同可分 3 型。其中 C 型有灰白胎和黑胎两类。

A 型　敞口碗。敞口，圆唇，弧腹。按底足不同可分 3 式。

Ⅰ式　直圈足，足壁较宽，有的足端斜削。内外壁刻划花。胎体普遍较厚。釉层略薄，多为玻璃质釉。

101 】T4②：1，内底平凹。外壁刻莲瓣纹，莲瓣较宽。内底釉下刻"福"字。胎色灰白。釉色青灰。外底无釉。口径 16、足径 5.3、高 7.2 厘米。（图 2-11；彩图 2-14）

Ⅱ式　直圈足，足壁较窄。胎体较薄。釉层较厚。

102 】T1④：68，口微敛。胎色灰白。釉色青灰。足端无釉。口径 12.6、足径 6、高 8.8 厘米。（图 2-11；彩图 2-14）

Ⅲ式　直圈足，足壁较宽。胎体较厚。釉层较薄。外壁近足处普遍有跳刀痕。

103 】T1②：8，弧腹，内底平。胎色灰黄。釉色青黄，釉层开片。外底无釉。口径 14.5、足径 5.6、高 6.6 厘米。（图 2-11；彩图 2-14）

B 型　侈口碗。侈口，圆唇或尖圆唇，弧腹。按底足不同可分 3 式。

Ⅰ式　直圈足，足壁较宽，有的足端斜削。内外壁刻划花。胎体普遍较厚。釉层略薄，多为玻璃质釉。

104 】T5②：3，口沿残片。侈口，弧腹。内壁饰篦划纹，外壁刻划竖线纹。胎色灰白。釉色青灰。口径 16.4、残高 6.5 厘米。（图 2-12；彩图 2-15）

105 】T11：31，底部残件。内外壁饰篦划纹。胎色灰白。釉色淡青。足端和外底无釉。足径 5.4、残高 2.6 厘米。（图 2-12；彩图 2-15）

Ⅱ式　假圈足。

106 】T5②：2，外底微内凹，内底平。胎色灰黄，胎体较薄。釉色灰黄，釉层较薄，釉面有细碎冰裂纹。外底无釉。口径 10、足径 4、高 3.3 厘米。（图 2-12；彩图 2-15）

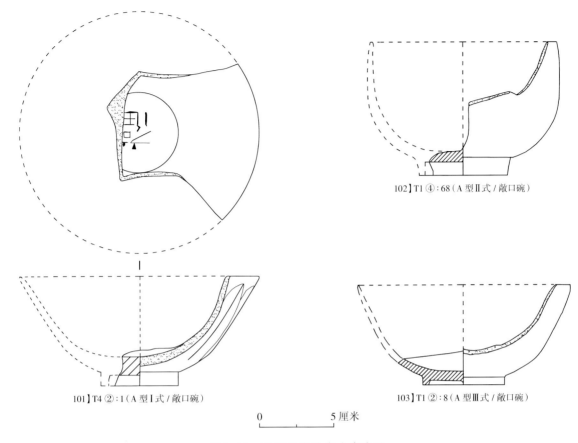

102】T1④:68（A 型 II 式 / 敞口碗）

101】T4②:1（A 型 I 式 / 敞口碗）

103】T1②:8（A 型 III 式 / 敞口碗）

0　　　　　　5厘米

图 2-11　瓦窑垱窑址出土青瓷碗

III式　直圈足，足壁较宽。胎体较厚。釉层较薄。外壁近足处普遍有跳刀痕。

107】T5③:4，内底凹。内底外侧有凹圈，内底心戳印莲花纹。胎色灰白。釉色青黄，釉面有细碎冰裂纹。外底和足端无釉。口径 16.4、足径 6、高 7 厘米。（图 2-12；彩图 2-16）

108】T5①:24，内腹有凹弦纹，内底戳印莲花纹。外底刻字，似异体"碗"字。胎色灰白。釉色青黄。腹下部及底无釉。口径 17.2、足径 6.4、高 6.1 厘米。（图 2-12；彩图 2-16）

C 型　直口盖碗。直口，圆唇，直腹，下腹弧收，圈足，足壁较窄。胎体较薄。釉层较厚。按胎釉分为 2 亚型。

Ca 型　灰黑胎，薄胎。厚釉，釉面开片，片纹较大。

109】T3①:3，口微敛。胎色黑。釉色灰青，釉层凝厚开片。唇口釉薄近无釉，足端无釉。口径 15.6、足径 10.4、高 8 厘米。（图 2-13；彩图 2-16）

Cb 型　灰白胎，胎较厚。厚釉。

110】T12:94，底残，带盖。碗外壁刻莲瓣纹。盖缘微翘，盖顶刻莲瓣纹。胎色灰白。釉色粉青。口唇无釉。碗口径 11、残高 6.4 厘米。（图 2-13；彩图 2-16）

111】T3①:33，口微敛。胎色灰白。釉色青灰。足端无釉。口径 7.2、足径 6.2、高 8 厘米。（图 2-13；彩图 2-16）

102】T1 ④：68（A型Ⅱ式 / 敞口碗）

101】T4 ②：1（A型Ⅰ式 / 敞口碗）

103】T1 ②：8（A型Ⅲ式 / 敞口碗）

彩图 2-14　瓦窑垟窑址出土青瓷碗

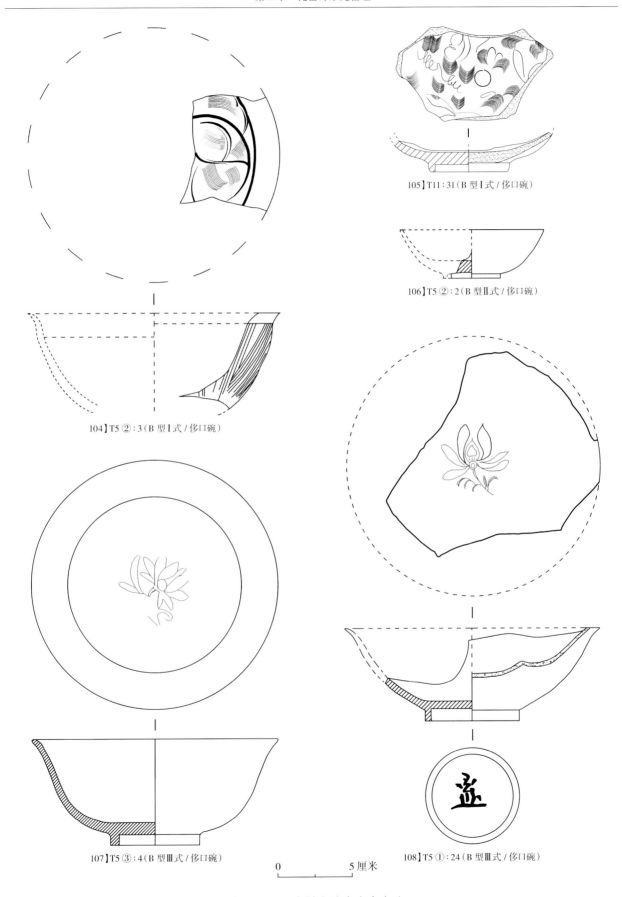

105】T11:31（B型Ⅰ式／侈口碗）

106】T5②:2（B型Ⅱ式／侈口碗）

104】T5②:3（B型Ⅰ式／侈口碗）

107】T5③:4（B型Ⅲ式／侈口碗）

108】T5①:24（B型Ⅲ式／侈口碗）

0　　　　　　　5厘米

图2-12　瓦窑垱窑址出土青瓷碗

105】T11：31（B型Ⅰ式／侈口碗）

104】T5②：3（B型Ⅰ式／侈口碗）

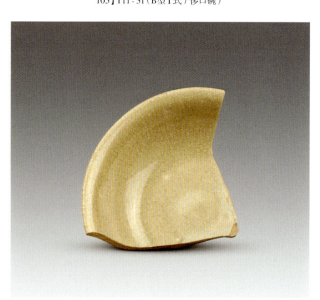

106】T5②：2（B型Ⅱ式／侈口碗）

彩图 2-15　瓦窑垟窑址出土青瓷碗

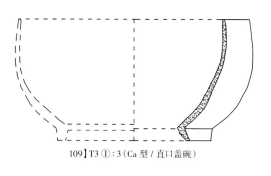

109】T3①：3（Ca 型／直口盖碗）

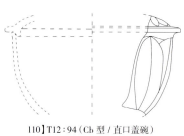

110】T12：94（Cb 型／直口盖碗）

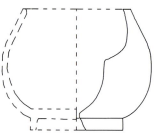

111】T3①：33（Cb 型／直口盖碗）

0　　　　　5厘米

图 2-13　瓦窑垟窑址出土青瓷碗

107】T5 ③：4（B型Ⅲ式 / 侈口碗）　　　　　　　　109】T3 ①：3（Ca 型 / 直口盖碗）

110】T12：94（Cb 型 / 直口盖碗）

108】T5 ①：24（B型Ⅲ式 / 侈口碗）　　　　　　　111】T3 ①：33（Cb 型 / 直口盖碗）

彩图 2-16　瓦窑垱窑址出土青瓷碗

（二）盏

按口腹不同可分 7 型。其中 F 型有灰白胎和黑胎两类。

A 型　八方盏。盏口呈直方八边形，下腹弧收，圈足，足壁较窄，外底微圆凸。胎体较薄。釉层较厚。足端刮釉，足底无釉处呈铁色。

112】Y3：5，尖圆唇，圈足较高。胎色灰白。釉色青灰。足端无釉。对角口径 8.2、足径 3.4、高 5.2 厘米。（图 2-14；彩图 2-17）

B 型　敞口弧腹盏。敞口，尖圆唇，弧腹，圈足。按底足不同可分 3 式。

Ⅰ式　足壁内斜，足端窄，外底直径较大，外底心凸。胎体较薄。釉层较厚。

113】T3①：47，口微敛。外壁刻莲瓣纹。胎色灰白。釉色青绿，釉面局部冰裂。足端无釉。口径 8.4、足径 3.6、高 4.3 厘米。（图 2-14；彩图 2-17）

114】T4③：3，口微敛。胎色灰白。釉色青黄，釉面局部冰裂。足端无釉。外底粘有垫饼。口径 7.6、足径 3.4、高 5 厘米。（图 2-14；彩图 2-17）

Ⅱ式　足壁内斜，足端稍宽，外底直径小，底心尖凸。胎体较厚。

115】Y4：3，口微敛，外底心尖凸。内底心贴梅花纹。胎色灰。釉色青灰，釉层较厚，釉面局部冰裂。外底和足端无釉。口径 8.2、足径 2.8、高 4.2 厘米。（图 2-14；彩图 2-17）

Ⅲ式　足壁内斜，足端宽，外底直径小，底心尖凸。胎体厚。

116】Y2：22，口微敛，圆唇。胎色灰白。釉色青黄，釉层较薄。外底和足端无釉。口径 7.6、足径 2.8、高 4 厘米。（图 2-14；彩图 2-17）

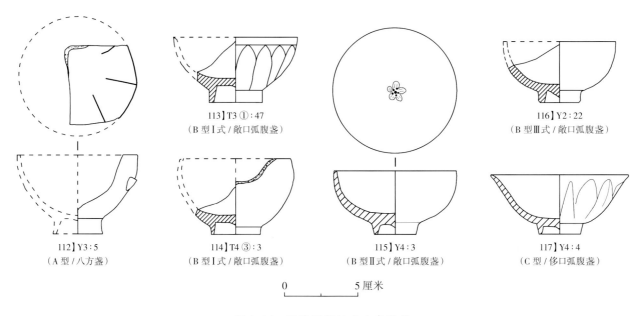

113】T3①：47
（B 型Ⅰ式／敞口弧腹盏）

116】Y2：22
（B 型Ⅲ式／敞口弧腹盏）

112】Y3：5
（A 型／八方盏）

114】T4③：3
（B 型Ⅰ式／敞口弧腹盏）

115】Y4：3
（B 型Ⅱ式／敞口弧腹盏）

117】Y4：4
（C 型／侈口弧腹盏）

0　　　　　　5 厘米

图 2-14　瓦窑垟窑址出土青瓷盏

112】Y3:5（A型/八方盏）

113】T3①:47（B型Ⅰ式/敞口弧腹盏）

115】Y4:3（B型Ⅱ式/敞口弧腹盏）

114】T4③:3（B型Ⅰ式/敞口弧腹盏）

116】Y2:22（B型Ⅲ式/敞口弧腹盏）

彩图 2-17　瓦窑垱窑址出土青瓷盏

118】T22：19（D型Ⅰ式／敞口斜腹盏）　　　　　　　　119】T1④：72（D型Ⅱ式／敞口斜腹盏）

彩图 2-19　瓦窑垟窑址出土青瓷盏

（图 2-15；彩图 2-20）

　　Ⅱ式　足壁内斜，足端较宽，外底直径小，外底心尖凸。胎体较厚。

　　121】T5③：3，胎色灰白。釉色青灰，釉层较厚。外底和足端无釉。口径 7.8、足径 3.2、高 4.7 厘米。（图 2-15；彩图 2-20）

　　F 型　芒口盏。敞口微敛，尖圆唇，弧腹，圈足，足壁内斜，足端较窄，外底直径较大，外底心微凸。胎体较薄。釉层较厚。唇口和足端无釉。按胎釉不同可分 3 亚型。

　　Fa 型　灰黑胎，薄胎。厚釉，釉层开片，片纹较大。

　　122】T3①：1，口微敛。胎色黑。釉色淡青绿，釉层凝厚，釉层开片，口沿部分片纹较细碎，呈褐黄色纹络。唇口釉薄近无釉，足端无釉，内底和圈足外侧积釉较厚。口径 15.2、足径 7.2、高 6.3 厘米。（图 2-15；彩图 2-20）

　　Fb 型　灰黑胎，薄胎。釉层相对较薄，开片，片纹细碎，呈褐黄色纹络。

　　123】Y3：3，胎色灰。釉色青黄，釉层开片较细碎，片纹呈褐黄色纹络。口径 10.2、足径 3.6、高 4.5 厘米。（图 2-15；彩图 2-21）

　　124】Y3：4，胎色灰黑。釉色青灰斑驳，釉层开片，片纹呈褐黄色纹络。口径 9.2、足径 3.6、高 4.4 厘米。（图 2-15；彩图 2-21）

　　Fc 型　灰白胎，厚胎。厚釉。

　　125】T11：37，胎色灰白。釉色青绿。口径 8、足径 4、高 4.7 厘米。（图 2-15；彩图 2-21）

　　126】T11：38，两盏套烧组件。下盏胎色灰白。釉色粉青，釉层凝厚。口径 8.4、足径 4、高 4.5 厘米。（图 2-15；彩图 2-22）

　　G 型　束口盏。束口微侈，尖圆唇，弧腹，圈足，足壁内斜，足端较窄，外底直径较小，外

120】T12：99（E型Ⅰ式／菊瓣盏）　　　　　　　　　　121】T5 ③：3（E型Ⅱ式／菊瓣盏）

122】T3 ①：1（Fa型／芒口盏）

彩图 2-20　瓦窑垟窑址出土青瓷盏

124】Y3∶4（Fb 型 / 芒口盏）

123】Y3∶3（Fb 型 / 芒口盏）

125】T11∶37（Fc 型 / 芒口盏）

彩图 2-21　瓦窑垟窑址出土青瓷盏

126】T11：38（Fc 型／芒口盏）

127】T1 ③：60（G 型／束口盏）

彩图 2-22　瓦窑垟窑址出土青瓷盏

底心尖凸。

127】T1 ③：60，胎色灰白，胎体较厚。釉色淡青绿，釉层较薄，釉面冰裂。唇口釉薄呈酱黄色，足端无釉。口径 10.6、足径 3、高 5 厘米。（图 2-15；彩图 2-22）

（三）盅

按口沿不同可分2型。仅见灰白胎类。

A型　侈口微束，尖圆唇，弧腹，卧足，外底心微凸。胎体较厚。

128】T1③：13，内底贴葵花。胎色灰白。釉色青绿，釉层较厚。外底和足端无釉，贴花无釉。口径8.8、足径3.6、高3.6厘米。（彩图2-23；图2-16）

129】Y2：25，内底戳印双鱼纹。胎色灰白。釉色青黄，釉层较薄，釉面冰裂。外底和足端无釉。口径8.8、足径3.4、高3.2厘米。（彩图2-23；图2-16）

B型　敞口微敛，弧腹，卧足。胎体较厚。

130】Y2：26，胎色灰。釉色青灰，釉层较厚。外底无釉。口径8、足径4.4、高3.3厘米。（彩图2-23；图2-16）

131】T5③：2，较完整。胎色灰白。釉色青灰，釉层较厚，局部有缩釉现象。外底和足端无釉。口径7.2、足径4、高3.6厘米。（彩图2-23；图2-16）

128】T1③：13（A型/侈口盅）　　　　129】Y2：25（A型/侈口盅）

130】Y2：26（B型/敞口盅）　　　　131】T5③：2（B型/敞口盅）

彩图2-23　瓦窑垟窑址出土青瓷盅

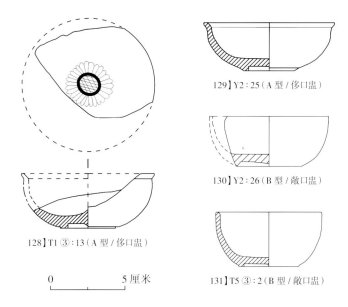

129】Y2：25（A 型 / 侈口盅）

130】Y2：26（B 型 / 敞口盅）

128】T1 ③：13（A 型 / 侈口盅）

0　　　　　5 厘米

131】T5 ③：2（B 型 / 敞口盅）

图 2-16　瓦窑垱窑址出土青瓷盅

（四）盘

按口沿不同可分 7 型。其中 A 型、B 型、C 型、D 型有灰白胎和黑胎两类，E 型、G 型仅见灰白胎类，F 型仅见黑胎类。

A 型　凹折沿盘。凹折沿，尖圆唇，斜弧腹，圈足，外足壁斜，足端窄。胎体较薄。釉层较厚。按胎釉不同可分 2 亚型。

Aa 型　灰黑胎。釉层相对较薄，开片，片纹细碎。

132】Y2：9，底残。尖圆唇。胎色灰黑。釉色青黄，釉层开片，片纹细碎呈褐黄色纹络。口径 11.7、残高 2.8 厘米。（彩图 2-24；图 2-17）

Ab 型　灰白胎。釉层相对较厚。

133】T4 ②：20，尖圆唇，足端尖。胎色灰白。釉色深黄。足端无釉。口径 16、足径 8.8、高 4.2 厘米。（彩图 2-24；图 2-17）

134】T4 ②：21，圆唇。内壁刻宽菊瓣纹。胎色灰白。釉色青绿，釉面局部冰裂。足端无釉。口径 12.8、足径 6、高 3.7 厘米。（彩图 2-24；图 2-17）

135】T4 ⑤：9，圆唇。胎色灰白。釉色青灰。足端无釉。口径 14.8、足径 6.6、高 3.6 厘米。（彩图 2-24；图 2-17）

B 型　七方折腹盘。平折沿，沿边呈七边（八边）形，折腹，内底平，矮圈足，足端窄。按胎釉不同可分 2 亚型。

Ba 型　灰黑胎，胎体较薄。釉层较厚。

136】T1 ②：18，胎色灰黑。釉色灰青偏白，釉层局部有大片纹。足端无釉。口径 16、足径 6、高 2.2 厘米。（彩图 2-24；图 2-17）

Bb 型　灰白胎，胎体较厚。釉层凝厚。

132】Y2：9（Aa 型 / 凹折沿盘）

133】T4 ②：20（Ab 型 / 凹折沿盘）

134】T4 ②：21（Ab 型 / 凹折沿盘）

135】T4 ⑤：9（Ab 型 / 凹折沿盘）

136】T1 ②：18（Ba 型 / 七方折腹盘）

137】T11：14（Bb 型 / 七方折腹盘）

彩图 2-24　瓦窑垟窑址出土青瓷盘

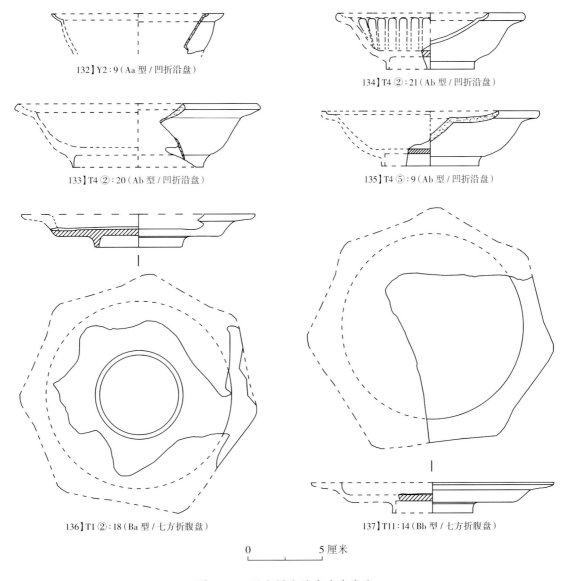

132】Y2：9（Aa 型 / 凹折沿盘）

134】T4 ②：21（Ab 型 / 凹折沿盘）

133】T4 ②：20（Ab 型 / 凹折沿盘）

135】T4 ⑤：9（Ab 型 / 凹折沿盘）

136】T1 ②：18（Ba 型 / 七方折腹盘）

137】T11：14（Bb 型 / 七方折腹盘）

0　　　　5厘米

图 2-17　瓦窑垟窑址出土青瓷盘

137】T11：14，胎色灰白。釉色粉青，釉层凝厚。足端无釉呈灰色。口径 16.4、足径 5.4、高 2 厘米。（彩图 2-24；图 2-17）

C 型　敞口盘。敞口，弧腹或坦弧腹。按胎釉不同可分 2 亚型。

Ca 型　灰黑胎，胎体较薄。釉层较厚。

138】T1 ②：21，圆唇。胎色灰黑。釉色青灰，釉层开片。足端无釉。口径 10.8、足径 8.4、高 3 厘米。（彩图 2-25；图 2-18）

Cb 型　灰白胎，按底足不同可分 4 式。

Ⅰ式　直圈足，足壁较宽，有的足端斜削。内外壁刻划花。胎体普遍较厚。釉层略薄，多为玻璃质釉。

139】T1 ②：19，圆唇，坦弧腹。外壁刻莲瓣纹，内壁刻划莲花纹。胎色灰黄。釉色青黄，釉层开片。外底无釉。口径 15.6、足径 5.6、高 4 厘米。（彩图 2-25；图 2-18）

Ⅱ式　直圈足，外足壁斜，足壁较窄。胎体较薄。釉层较厚。

140】T2 ①：4，圆唇，弧腹。外壁浅浮雕莲瓣纹。胎色灰白。釉色青黄，釉面冰裂。足端无釉。口径16、足径11、高4.5厘米。（彩图2-25；图2-18）

Ⅲ式　直圈足，足壁较宽。胎体较厚。釉层较薄。

141】T1 ③：52，圆唇，弧腹。内底有外圈，内底心戳印婴戏纹。胎色灰白。釉色青灰。外底和足端无釉。口径12、足径6、高2.8厘米。（图2-18；彩图2-26）

142】T5 ①：7，圆唇，弧腹。外壁口下有宽凹弦纹。胎色灰白。釉色青灰。外底和足端无釉。口径16、足径10、高3.7厘米。（图2-18；彩图2-26）

143】T5 ①：9，圆唇，弧腹。内底有外圈，内底心戳印莲花纹。胎色灰白。釉色青灰，外壁釉面冰裂。外底和足端无釉。口径13、足径7.2、高3.6厘米。（图2-18；彩图2-26）

144】T11：52，口微敛，圆唇，弧腹。内底有外圈，内底心戳印花纹。胎色灰白。釉色青灰。

138】T1 ②：21（Ca 型 / 敞口盘）

140】T2 ①：4（Cb型Ⅱ式 / 敞口盘）

139】T1 ②：19（Cb型Ⅰ式 / 敞口盘）

彩图2-25　瓦窑垟窑址出土青瓷盘

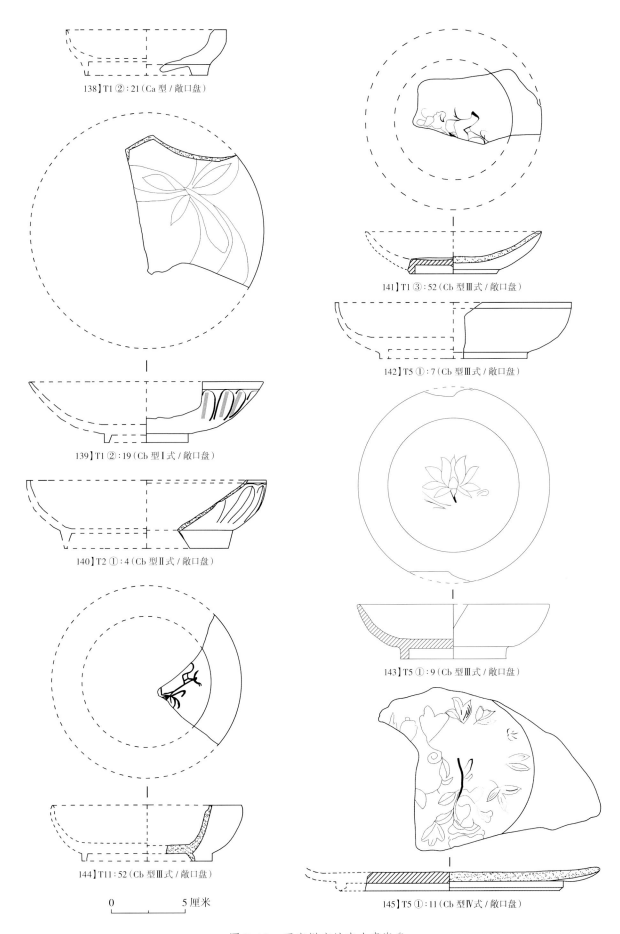

138】T1 ②：21（Ca 型 / 敞口盘）

139】T1 ②：19（Cb 型 I 式 / 敞口盘）

140】T2 ①：4（Cb 型 II 式 / 敞口盘）

144】T11：52（Cb 型 III 式 / 敞口盘）

141】T1 ③：52（Cb 型 III 式 / 敞口盘）

142】T5 ①：7（Cb 型 III 式 / 敞口盘）

143】T5 ①：9（Cb 型 III 式 / 敞口盘）

145】T5 ①：11（Cb 型 IV 式 / 敞口盘）

0   5厘米

图 2-18　瓦窑垟窑址出土青瓷盘

141】T1 ③：52（Cb型Ⅲ式 / 敞口盘）

144】T11：52（Cb型Ⅲ式 / 敞口盘）

142】T5 ①：7（Cb型Ⅲ式 / 敞口盘）

143】T5 ①：9（Cb型Ⅲ式 / 敞口盘）

145】T5 ①：11（Cb型Ⅳ式 / 敞口盘）

彩图 2-26　瓦窑垟窑址出土青瓷盘

146】Y3：10（Da 型 / 菱口折腹盘）

147】T12：107（Db 型 / 菱口折腹盘）

148】T5 ①：10（E 型 / 菱口折沿盘）

彩图 2-27　瓦窑垯窑址出土青瓷盘

外底和足端无釉。口径 12.8、足径 8.8、高 3.7 厘米。（图 2-18；彩图 2-26）

Ⅳ式　大圈足，足端斜削，足壁宽厚。胎体略厚。釉层较薄。外底一圈无釉。

145】T5 ①：11，口腹残。内底戳印牡丹花叶纹，外底心圆凹。胎色灰白。釉色青灰。足径 15.4、残高 1.5 厘米。（图 2-18；彩图 2-26）

D 型　菱口折腹盘。平折沿，沿边凹凸呈菱口状，折腹，内底平，圈足，外足壁斜，足端窄。按胎釉不同可分 2 亚型。

Da 型　灰黑胎，胎体较薄。釉层相对较薄，釉层开片，片纹细碎。

146】Y3：10，与匣钵粘连，微变形。胎色灰黑。釉色青灰，釉层凝厚开片，片纹局部较细碎，呈褐黄色纹络。口径约 17、足径 7.2、高约 2.2 厘米。（彩图 2-27；图 2-19）

Db 型　灰白胎，胎体较厚。釉层较凝厚。

147】T12：107，胎色灰白。釉色青灰，釉面局部冰裂。足端无釉。口径 17.6、足径 7.6、高 2.4 厘米。（彩图 2-27；图 2-19）

E 型　菱口折沿盘。平折沿微凹，沿边呈菱花瓣状，弧腹。胎体较薄。

148】T5 ①：10，底残。外壁刻宽莲瓣纹，内壁刻菊瓣纹。胎色灰白。釉色青灰、青黄。釉层较厚。口径 32、残高 4 厘米。（彩图 2-27；图 2-19）

F 型　翻沿折腹盘。撇口，圆唇，斜腹，下腹弧折，矮圈足，足端窄。胎体较薄。仅见黑胎类。

149】Y5：2，胎色灰黑。釉色淡青，釉层凝厚开片，片纹呈褐黄色纹络。足端无釉。口径约 19、足径 6.9、高约 3.1 厘米。（图 2-19；彩图 2-28）

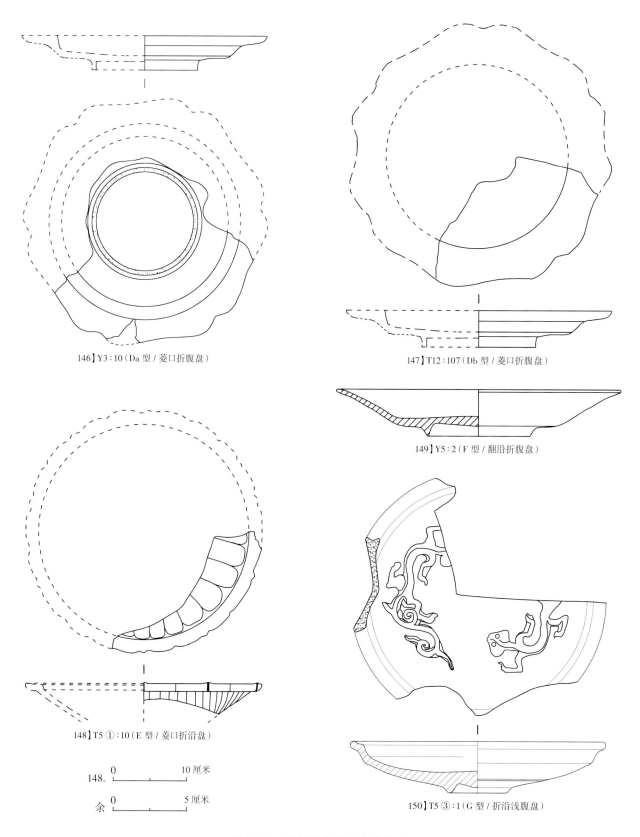

146】Y3：10（Da 型 / 菱口折腹盘）

147】T12：107（Db 型 / 菱口折腹盘）

149】Y5：2（F 型 / 翻沿折腹盘）

148】T5 ①：10（E 型 / 菱口折沿盘）

148.　0　　　　　10 厘米

余　0　　　　　5 厘米

150】T5 ③：1（G 型 / 折沿浅腹盘）

图 2-19　瓦窑垟窑址出土青瓷盘

149〗Y5：2（F型／翻沿折腹盘）

彩图 2-28　瓦窑垟窑址出土青瓷盘

150】T5③:1（G型/折沿浅腹盘）

彩图 2-29　瓦窑垟窑址出土青瓷盘

G型　折沿浅腹盘。侈口，折沿，口沿较窄，浅折腹，下腹坦弧，圈足。胎体较厚。

150】T5③:1，足壁宽斜。内底贴两条素胎龙纹，下腹有4道细弦纹。胎色灰白。釉色青绿，釉层较薄。圈足无釉。口径16.6、足径3.7、高3.4厘米。（图2-19；彩图2-29）

（五）洗

按口沿不同可分4型。其中C型仅见黑胎类。

A型　折沿洗。平折沿，圆唇，弧腹，圈足，足壁较窄。胎体较薄。釉层较厚。

151】T1④:40，沿面微凹。外壁刻双线莲瓣纹，内底贴双鱼。胎色灰白。釉色青绿。足端无釉。口径12.2、足径5.6、高3.7厘米。（彩图2-30；图2-20）

B型　敞口折腹洗。敞口，斜腹，下腹折收，圈足，足端尖窄。胎体较薄。釉层较厚。足端无釉。

152】T1④:44，厚圆唇外凸。胎色灰白。釉色青绿。口径17、足径10.6、高5.3厘米。（彩图2-30；图2-20）

151】T1④：40（A 型／折沿洗）

153】Y3：1（C 型／侈口折腹洗）

152】T1④：44（B 型／敞口折腹洗）

154】T1④：45（D 型／蔗段洗）

彩图 2-30　瓦窑垱窑址出土青瓷洗

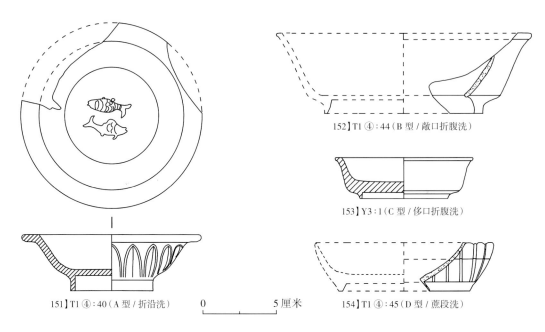

151】T1④:40（A型/折沿洗）   0   5厘米   152】T1④:44（B型/敞口折腹洗）
153】Y3:1（C型/侈口折腹洗）
154】T1④:45（D型/蔗段洗）

图2-20　瓦窑垟窑址出土青瓷洗

C型　侈口折腹洗。侈口，斜直腹，下腹折收，圈足，足壁较窄。胎体较薄。釉层较厚。足端无釉。仅见黑胎类。

153】Y3:1，尖圆唇。胎色灰黑。釉色灰黄，釉层开片细碎，片纹呈褐黄色纹络。口径9.2、足径5.8、高2.7厘米。（彩图2-30；图2-20）

D型　蔗段洗。敞口，弧腹，卧足。口腹凹凸呈瓜棱状。胎体较厚。釉层较薄。

154】T1④:45，外壁中腹和下腹各有一道凸弦纹，内底戳印花纹。胎色灰白。釉色青灰。外底无釉。口径12、足径8.8、高3.2厘米。（彩图2-30；图2-20）

（六）杯

按口沿可分2型。均仅见黑胎类。

A型　直口盖杯。直口，尖圆唇，直腹。胎体薄。釉层凝厚。口唇无釉。

155】T1①:3，口沿带把残片。半环形把上端有波浪形边的三角形装饰片。胎色灰黑。釉色灰青，釉面开片，片纹细碎，呈褐黄色纹络。口径13.2、残高3.9厘米。（图2-21；彩图2-31）

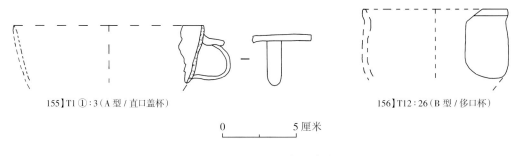

155】T1①:3（A型/直口盖杯）   0   5厘米   156】T12:26（B型/侈口杯）

图2-21　瓦窑垟窑址出土青瓷杯

155】T1①：3（A型／直口盖杯）　　　156】T12：26（B型／侈口杯）

彩图 2-31　瓦窑垱窑址出土青瓷杯

B 型　侈口杯。侈口，尖圆唇，直腹，下腹弧折。胎体较厚。釉层凝厚。

156】T12：26，底残缺。胎色灰黑。釉色深青灰，釉层开片，片纹呈褐黄色纹络。口径9.6、残高4.6厘米。（图2-21；彩图2-31）

（七）碟

按口沿可分2型。其中A型有灰白胎和黑胎两类。

A 型　翻沿折腹碟。侈口外撇，圆唇，斜腹，下腹折收，圈足，足壁外斜，足端较窄。按胎釉不同可分2亚型。

Aa 型　腹部较坦。灰黑胎，胎体较薄。釉层凝厚开片，片纹细碎，呈褐黄色纹络。

157】Y2：10，胎色灰黑。釉色灰黄。足端无釉。口径10.4、足径约3.6、高1.8厘米。（图2-22；彩图2-32）

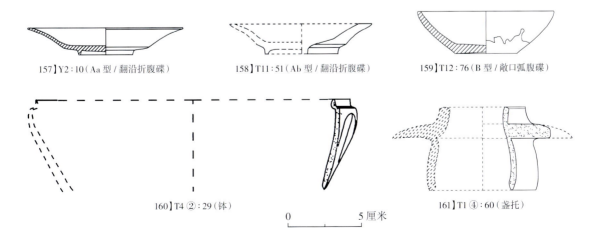

157】Y2：10（Aa型／翻沿折腹碟）　158】T11：51（Ab型／翻沿折腹碟）　159】T12：76（B型／敞口弧腹碟）

160】T4②：29（钵）　　0　　5厘米　　161】T1④：60（盏托）

图 2-22　瓦窑垱窑址出土青瓷碟、钵、盏托

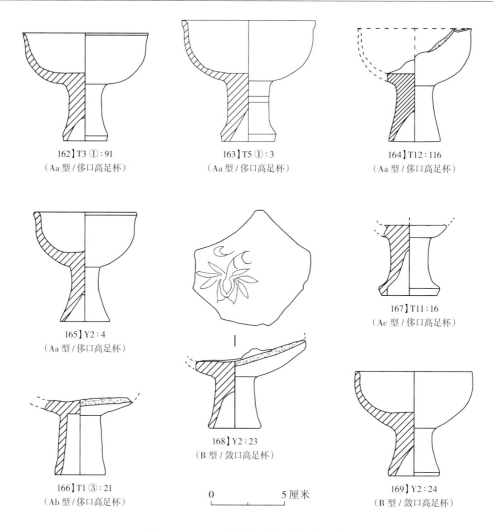

162】T3 ① : 91
（Aa 型 / 侈口高足杯）

163】T5 ① : 3
（Aa 型 / 侈口高足杯）

164】T12 : 116
（Aa 型 / 侈口高足杯）

165】Y2 : 4
（Aa 型 / 侈口高足杯）

167】T11 : 16
（Ac 型 / 侈口高足杯）

166】T1 ③ : 21
（Ab 型 / 侈口高足杯）

168】Y2 : 23
（B 型 / 敛口高足杯）

0　　　　　　5 厘米

169】Y2 : 24
（B 型 / 敛口高足杯）

图 2-23　瓦窑垟窑址出土青瓷高足杯

162】T3 ① : 91（Aa 型 / 侈口高足杯）

163】T5 ① : 3（Aa 型 / 侈口高足杯）

彩图 2-34　瓦窑垟窑址出土青瓷高足杯

164】T12∶116（Aa 型 / 侈口高足杯）　　　165】Y2∶4（Aa 型 / 侈口高足杯）

166】T1 ③∶21（Ab 型 / 侈口高足杯）　　　167】T11∶16（Ac 型 / 侈口高足杯）

168】Y2∶23（B 型 / 敛口高足杯）　　　169】Y2∶24（B 型 / 敛口高足杯）

彩图 2-35　瓦窑垱窑址出土青瓷高足杯

B 型　敛口高足杯。敛口。弧腹，高足较矮，足壁微外撇，足柄内呈圆锥状。胎体较厚。

168】Y2：23，口腹残。内底刻划牡丹纹。胎色灰白。釉色淡青绿，釉层较厚。足端无釉。足径 3.6、残高 5.9 厘米。（图 2-23；彩图 2-35）

169】Y2：24，足柄中间有两道弦纹。胎色灰白。釉色淡青灰，釉层较厚。足端和足柄内无釉。口径 7.8、足径 3.4、高 6.9 厘米。（图 2-23；彩图 2-35）

（十一）罐

按口腹不同可分 3 型。

A 型　小直口，弧肩，鼓腹。中腹对接痕明显。按颈肩部及底足不同可分 4 亚型。

Aa 型　矮直颈，平底内凹。肩部有圆系。胎体较厚。

170】T1②：7，上、下腹均有模制花纹。胎色灰白。釉色淡青绿，釉层较薄。外底和外腹近底处无釉。口径 1.8、最大腹径 6.2、底径 2.8、高 5.6 厘米。（图 2-24；彩图 2-36）

Ab 型　凸唇，矮束颈，平底内凹。肩部无系。胎体较厚。

171】T1④：3，胎色灰白。釉色淡青黄，釉层较薄，釉面冰裂。外底和外腹近底处无釉。口径 2.4、底径 3、高 5.4 厘米。（图 2-24；彩图 2-36）

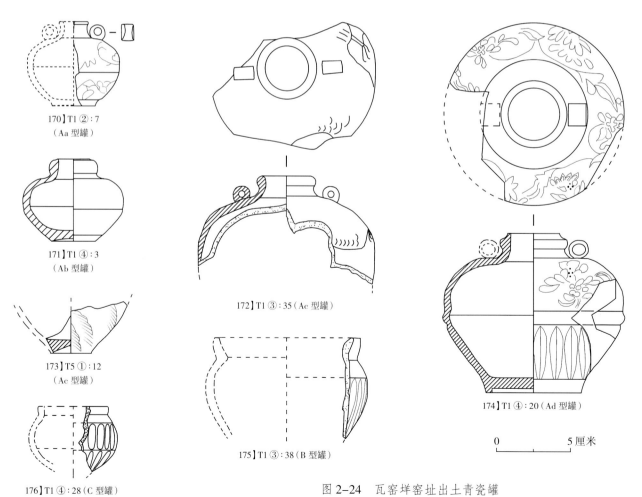

170】T1②：7（Aa 型罐）
171】T1④：3（Ab 型罐）
172】T1③：35（Ac 型罐）
173】T5①：12（Ac 型罐）
174】T1④：20（Ad 型罐）
175】T1③：38（B 型罐）
176】T1④：28（C 型罐）
0　　　5 厘米

图 2-24　瓦窑垟窑址出土青瓷罐

170】T1②:7（Aa 型罐）

171】T1④:3（Ab 型罐）

172】T1③:35（Ac 型罐）

173】T5①:12（Ac 型罐）

175】T1③:38（B 型罐）

176】T1④:28（C 型罐）

彩图 2-36　瓦窑垱窑址出土青瓷罐

Ac 型　凸唇，矮束颈，平底内凹。肩部有圆系。胎体较薄。

172】T1③：35，底残。上腹有模制四爪龙纹。胎色灰白。釉色淡青绿，釉层较凝厚。口径 4、最大腹径 12、残高 7 厘米。（图 2-24；彩图 2-36）

173】T5①：12，口腹残。下腹模制羽状纹。胎色灰白。釉色青灰，釉层较薄。外底无釉。底径 2.8、残高 3.4 厘米。（图 2-24；彩图 2-36）

Ad 型　凸唇，矮束颈，假圈足。肩部有圆系。胎体较薄。

174】T1④：20，外底平凹。一系残缺，微变形。上腹模制缠枝牡丹花纹，下腹模制莲瓣纹。胎色灰白。釉色淡青，釉层较薄。足端无釉。口径 3.4、最大腹径 12、足径 6.4、高 10.5 厘米。（图 2-24；彩图 2-37）

B 型　广直口，矮颈，弧肩，弧腹。

175】T1③：38，下腹及底残。圆唇。腹部浅浮雕菊瓣状棱纹。胎色灰黄，胎体较厚。釉色褐黄，釉层较厚，釉面斑驳。口唇无釉。口径 10、残高 6.6 厘米。（图 2-24；彩图 2-36）

174】T1④：20（Ad 型罐）

彩图 2-37　瓦窑垟窑址出土青瓷罐

C 型 广直口，矮颈，微折肩，鼓腹。

176】T1④：28，下腹及底残。腹部分上、下两层浅浮雕菊瓣状棱纹，腹中部有明显对接痕。胎色灰白，胎体较薄。釉色青黄，釉层较厚。口唇无釉。口径4.8、残高4.3厘米。（图2-24；彩图2-36）

（十二）壶

按口沿不同可分2型。

A 型 敛口，斜沿，弧腹，圈足。条形把手，短流起于下腹。胎体较薄。按腹部不同可分2亚型。

Aa 型 圆腹。

177】T1②：17，下腹及底残，流残。胎色灰白，胎体较厚。釉色青黄，釉层较厚。口径4.8、残高5.8厘米。（图2-25；彩图2-38）

178】T4④：18，下腹及底残，把残。腹部饰曲枝莲花纹贴花。胎色灰白。釉色淡青绿，釉层较厚玻化，釉面局部冰裂。口径4、残高4.5厘米。（图2-25；彩图2-38）

Ab 型 瓜形腹，腹部呈瓜形凹凸。

179】T1④：14，把、流残。沿微凹。胎色灰白。釉色青绿，釉层较厚玻化，釉面局部冰裂。足端无釉。口径2.2、足径4.6、高5.8厘米。（图2-25；彩图2-38）

B 型 小直口，圆唇，上下腹部圆鼓呈葫芦状，圈足。曲条形把手，曲长流起于下腹。胎体厚。

180】T1④：6，把残。胎色灰白。釉色青灰，釉层较厚。足端无釉。口径2、足径4.8、高12.6厘米。（图2-25；彩图2-38）

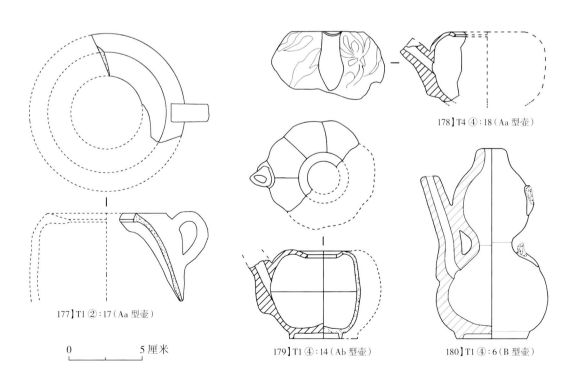

177】T1②：17（Aa 型壶）

178】T4④：18（Aa 型壶）

179】T1④：14（Ab 型壶）

180】T1④：6（B 型壶）

0   5厘米

图2-25 瓦窑垱窑址出土青瓷壶

177】T1②:17（Aa 型壶）

178】T4④:18（Aa 型壶）

179】T1④:14（Ab 型壶）

180】T1④:6（B 型壶）

彩图 2-38　瓦窑垟窑址出土青瓷壶

（十三）盒

子母口。胎体较薄。按底足不同可分 2 型。

A 型　平底。口和外底无釉。按腹部不同可分 2 亚型。

Aa 型　弧折腹。

181】T1④:79，平底浅挖。胎色灰白。釉色浅青绿，釉层凝厚。口径 8、底径 3.6、高 2.3 厘米。
（图 2-26；彩图 2-39）

182】T5①：1，平底内凹。胎色灰白。釉色青灰，釉层凝厚。口径 7.8、底径 5.6、高 2 厘米。（图 2-26；彩图 2-39）

Ab 型　直腹壁，下腹折收，

183】T1③：42，平底内凹。胎色灰白。釉色青灰，釉层凝厚。口径 6.4、底径 4、高 2.2 厘米。（图 2-26；彩图 2-39）

B 型　圈足。口和足端无釉。按足壁宽窄可分 2 式。

Ⅰ式　足壁较窄。折腹。胎体较薄。仅见黑胎类。

184】T22：20，生烧。浅折腹，足端较尖。胎色褐黄偏黑。釉层较厚。口径 10.8、足径 6.8、高 3 厘米。（图 2-26；彩图 2-39）

Ⅱ式　圈足较宽。弧腹。胎体较厚。

185】T1③：43，弧腹较坦。上腹模制卷云纹，下腹模制折线纹。胎色灰白。釉色青灰，釉层较厚，釉面局部冰裂。口径 9.8、足径 6、高 3 厘米。（图 2-26；彩图 2-39）

186】T1④：75，弧腹，下腹弧收。胎色灰白。釉色青黄，釉层较薄。内底无釉。口径 11.8、足径 8.8、高 3.8 厘米。（图 2-26；彩图 2-39）

187】T11：61，弧腹较斜。外壁浅浮雕菊瓣纹。胎色灰白。釉色淡青，釉层较厚。口径 7.8、足径 6.2、高 3.4 厘米。（图 2-26；彩图 2-39）

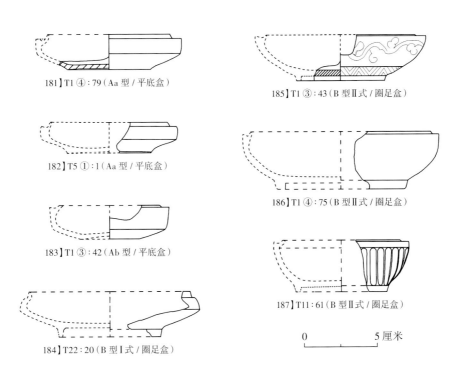

181】T1④：79（Aa 型 / 平底盒）

185】T1③：43（B 型Ⅱ式 / 圈足盒）

182】T5①：1（Aa 型 / 平底盒）

186】T1④：75（B 型Ⅱ式 / 圈足盒）

183】T1③：42（Ab 型 / 平底盒）

187】T11：61（B 型Ⅱ式 / 圈足盒）

184】T22：20（B 型Ⅰ式 / 圈足盒）

0　　　　　5 厘米

图 2-26　瓦窑垱窑址出土青瓷盒

181】T1 ④：79（Aa 型 / 平底盒）

182】T5 ①：1（Aa 型 / 平底盒）

184】T22：20（B 型 I 式 / 圈足盒）

183】T1 ③：42（Ab 型 / 平底盒）

186】T1 ④：75（B 型 II 式 / 圈足盒）

185】T1 ③：43（B 型 II 式 / 圈足盒）

187】T11：61（B 型 II 式 / 圈足盒）

彩图 2-39　瓦窑垟窑址出土青瓷盒

（十四）器盖

按内口不同可分 4 型。

A 型　内子母口，内口缘较窄，内腹直径较大。下缘口无釉。一般为罐盖。按盖顶和外缘可分 3 亚型。

Aa 型　斜盖顶微弧。平缘微翘。

188】T1 ③：65，平顶柱形小纽。胎色灰，胎体较厚。釉色青，釉层凝厚，釉面局部冰裂。盖径 10、内口径 8.4、高 2 厘米。（图 2-27；彩图 2-40）

Ab 型　弧盖顶微拱，盖顶心微平。按缘边不同可分 3 式。

Ⅰ式　缘边微弧，尖圆唇。胎体较薄。釉层较厚。

189】Y5：1，平顶柱形小纽。胎色灰，胎体较薄。釉色青，釉层凝厚开片。盖径 8.4、内口径 6.5、高 2 厘米。（图 2-27；彩图 2-40）

190】T11：3，T 形小纽，纽侧翻。胎色灰。釉色青黄，釉层开片，局部片纹细碎，呈褐黄色纹络。盖径 8.6、内口径 6.8、高 2 厘米。（图 2-27；彩图 2-40）

Ⅱ式　缘边微翘，弧顶高隆。胎体较厚。釉层较厚。

191】T3 ①：74，无纽。盖顶刻划莲瓣纹。胎色灰白。釉色淡青。盖径 8.4、内口径 7.2、高 1.2 厘米。（图 2-27；彩图 2-40）

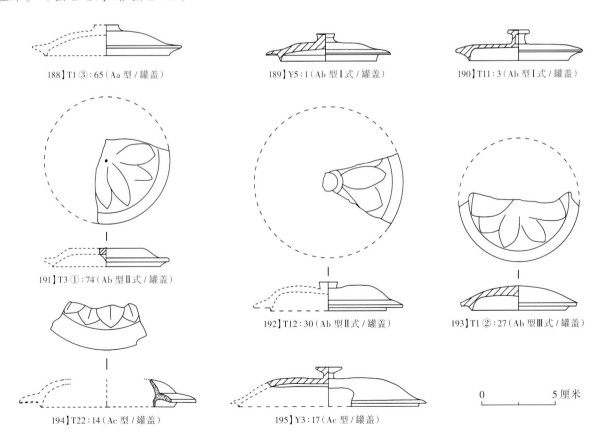

188】T1 ③：65（Aa 型 / 罐盖）　　189】Y5：1（Ab 型 I 式 / 罐盖）　　190】T11：3（Ab 型 I 式 / 罐盖）

191】T3 ①：74（Ab 型 Ⅱ式 / 罐盖）

192】T12：30（Ab 型 Ⅱ式 / 罐盖）　　193】T1 ②：27（Ab 型 Ⅲ式 / 罐盖）

194】T22：14（Ac 型 / 罐盖）　　195】Y3：17（Ac 型 / 罐盖）

0　　　　　5 厘米

图 2-27　瓦窑垰窑址出土青瓷器盖

188】T1 ③：65（Aa 型 / 罐盖）

189】Y5：1（Ab型Ⅰ式 / 罐盖）

190】T11：3（Ab型Ⅰ式 / 罐盖）

191】T3 ①：74（Ab型Ⅱ式 / 罐盖）

192】T12：30（Ab型Ⅱ式 / 罐盖）

彩图 2-40　瓦窑垟窑址出土青瓷器盖

193】T1②：27（Ab型Ⅲ式／罐盖）

195】Y3：17（Ac型／罐盖）　　194】T22：14（Ac型／罐盖）

彩图 2-41　瓦窑垱窑址出土青瓷器盖

192】T12：30，平顶柱形小纽。盖顶刻划莲瓣纹。胎色灰白。釉色淡青，釉层凝厚。盖径约10、内口径 7.8、高 1.9 厘米。（图 2-27；彩图 2-40）

Ⅲ式　缘边较平，方唇。胎体较厚。釉层较薄。

193】T1②：27，盖顶刻划莲瓣纹。胎色灰白。釉色青黄，釉层较厚，下缘口无釉。盖径 8、内口径 6.5、高 1.6 厘米。（图 2-27；彩图 2-41）

Ac型　弧盖顶拱起，缘边较宽，圆唇。胎体较薄。釉层较厚。仅见黑胎类。

194】T22：14，盖顶浅浮雕莲瓣纹。胎色灰黑。釉色青黄，釉层开片细碎，片纹呈褐黄色条纹。盖径 11.8、内口径 8.8、残高 1.8 厘米。（图 2-27；彩图 2-41）

195】Y3：17，T 形小纽，纽顶内凹。胎色灰黑。釉色青黄，釉面有细碎片纹，片纹呈灰白色纹络。纽径 1.8 厘米，盖径 13.1、内口径 12.1、高 2.6 厘米。（图 2-27；彩图 2-41）

B 型　平顶，直下口。一般为盒盖。按腹壁不同可分 2 亚型。

Ba 型　弧腹较浅。有灰白胎和黑胎两类。按唇口不同可分 3 式。

Ⅰ式　小圆唇。灰黑胎，胎体较薄。釉层较厚。

196】Y2：48，胎色灰黑。釉色青灰，釉层开片。口径 9.8、顶径 7、高 2.3 厘米。（彩图 2-42；图 2-28）

Ⅱ式　平唇。胎体较薄。釉层较厚。

197】T1②：10，平唇。盖腹刻菊瓣纹。胎色灰白。釉色浅青，釉层凝厚。口径 6、顶径 4、高 1.6 厘米。（彩图 2-42；图 2-28）

Ⅲ式　尖圆唇。胎体较厚。釉层较厚。

198】T1③：66，平顶微凹。盖腹模制卷枝纹。胎色灰白。釉色浅青，釉层凝厚，釉面局部冰裂。口径 8.6、顶径 6.4、高 1.6 厘米。（彩图 2-42；图 2-28）

196】Y2：48（Ba 型Ⅰ式／盒盖）

197】T1②：10（Ba 型Ⅱ式／盒盖）

198】T1③：66（Ba 型Ⅲ式／盒盖）

199】T1③：67（Bb 型／盒盖）

彩图 2-42　瓦窑垟窑址出土青瓷器盖

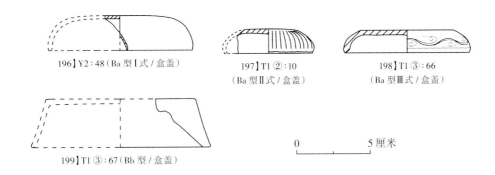

196】Y2：48（Ba 型 I 式／盒盖）　　197】T1 ②：10（Ba 型 II 式／盒盖）　　198】T1 ③：66（Ba 型 III 式／盒盖）

199】T1 ③：67（Bb 型／盒盖）

0　　　　　5 厘米

图 2-28　瓦窑垟窑址出土青瓷器盖

Bb 型　斜弧腹较深。胎体较薄。釉层较厚。

199】T1 ③：67，尖唇。胎色灰白。釉色青黄，釉面冰裂。口径 11.8、顶径 9.8、高 3.2 厘米。（彩图 2-42；图 2-28）

C 型　子母口，内口较直，内口径较小，呈 T 形。一般为壶盖。按盖顶不同可分 4 亚型。

Ca 型　盖顶心尖凸，盖径较小，有的有穿孔。有灰白胎和黑胎两类。按内口不同可分 3 式。

I 式　内口较短。盖缘薄，边缘尖圆。胎色灰，胎体较薄。釉层较厚。

200】T3 ①：111，缘侧有一圆系。胎色偏黑。釉色青灰，釉层开片，内口片纹细碎，呈灰白色纹络。系孔内被釉填满，仅内口端无釉。盖径 3.2、内口径 1.7、高 1.1 厘米。（图 2-29；彩图 2-43）

201】T7 ①：11，胎色灰。釉色青灰，釉层开片。仅内口端无釉。盖径 3、内口径 1.4、高 0.9 厘米。（图 2-29；彩图 2-43）

202】T12：35，顶边一侧有两个圆穿孔。胎色灰。釉色青灰，釉层开片。内面无釉。盖径 3.6、内口径 1.2、高 1.6 厘米。（图 2-29；彩图 2-44）

II 式　内口稍长微内敛。盖缘较厚，边缘稍方直。胎体较厚。釉层较凝厚。内面无釉。

203】T3 ①：72，顶侧有一深孔。盖顶模制莲瓣纹。胎色灰白。釉色青黄，釉面冰裂。盖径 4、内口径 2.1、高 1.5 厘米。（图 2-29；彩图 2-44）

204】T11：17，顶侧有圆孔。胎色灰白。釉色青灰，釉层凝厚，釉面冰裂。盖径 3、内口径 1.4、高 1.3 厘米。（图 2-29；彩图 2-44）

III 式　弧顶较隆。胎体较厚。釉层较薄。

205】T12：32，顶侧有圆穿孔。盖顶模制莲瓣纹。胎色灰白。釉色青黄。盖径 3.4、内口径 1.6、高 1.4 厘米。（图 2-29；彩图 2-44）

Cb 型　内口稍长较直。中心弧顶较隆，边缘较尖。胎体较厚。釉层较薄。内面无釉。

206】T12：31，顶侧有圆穿孔。胎色灰白。釉色青灰。盖径 4、内口径 1.8、高 1.7 厘米。（图 2-29；彩图 2-44）

Cc 型　盖顶平弧稍隆，盖径稍大。内口稍短，内口径稍大。胎体较厚。釉层较薄。内面无釉。

207】T11：20，荷叶形缘。顶面戳印莲瓣纹。胎色灰白。釉色青黄。盖径 6、内口径 3、高 1.6

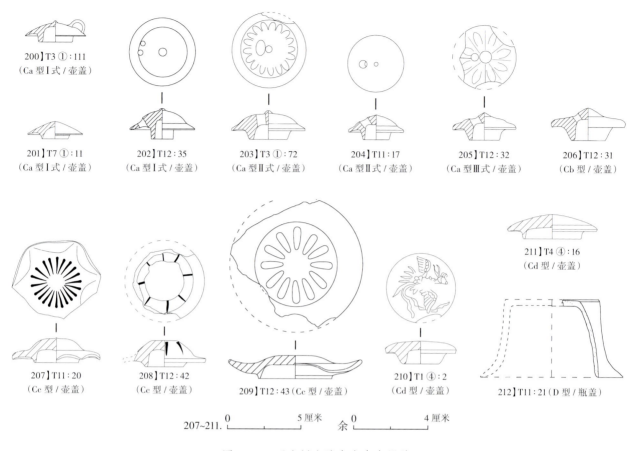

图 2-29　瓦窑垟窑址出土青瓷器盖

200】T3①：111（Ca 型 I 式／壶盖）　　　　201】T7①：11（Ca 型 I 式／壶盖）

彩图 2-43　瓦窑垟窑址出土青瓷器盖

厘米。（图 2-29；彩图 2-44）

　　208】T12：42，顶面有 8 道凸棱。胎色灰白。釉色青灰。顶面粘渣。盖径 5.6、内口径 2.6、高 1.7 厘米。（图 2-29；彩图 2-45）

202】T12：35（Ca型Ⅰ式／壶盖）

203】T3①：72（Ca型Ⅱ式／壶盖）

204】T11：17（Ca型Ⅱ式／壶盖）

205】T12：32（Ca型Ⅲ式／壶盖）

206】T12：31（Cb型／壶盖）

207】T11：20（Cc型／壶盖）

彩图 2-44　瓦窑垡窑址出土青瓷器盖

208】T12：42（Ce 型／壶盖）

209】T12：43（Cc 型／壶盖）

210】T1 ④：2（Cd 型／壶盖）

彩图 2-45　瓦窑垟窑址出土青瓷器盖

211】T4④：16（Cd型／壶盖）　　　　　　　　　212】T11：21（D型／瓶盖）

彩图 2-46　瓦窑垱窑址出土青瓷器盖

209】T12：43，荷叶形缘。顶面戳印莲瓣纹。胎色灰白。釉色青灰，釉层开片。盖径 9、内口径 5、高 1.5 厘米。（图 2-29；彩图 2-45）

Cd 型　平顶，缘边方直。内口较短，内口径较大。胎体较厚。釉层较薄。内面无釉。

210】T1④：2，盖顶戳印凤凰纹。胎色灰白。釉色青黄，釉面冰裂。盖径 4.8、内口径 2.4、高 1.5 厘米。（图 2-29；彩图 2-45）

211】T4④：16，盖顶戳印花纹，顶边有凸圈。胎色灰白。釉色青黄，釉面冰裂。盖径 6、内口径 4、高 1.6 厘米。（图 2-29；彩图 2-46）

D 型　弧顶，深弧腹外撇。胎体较薄。釉层较厚。一般为瓶盖。

212】T11：21，盖顶心残缺。胎色灰白。釉色粉青，釉层凝厚。口端无釉，粘有薄垫具。顶径 5、口径 7.6、高 4.3 厘米。（图 2-29；彩图 2-46）

（十五）瓶

一般颈长腹鼓。按口腹不同可分 10 型。

A 型　花口外撇，内曲颈，溜肩，鼓腹，花边圈足外撇。口、颈、腹、足分瓣凹凸，对半模合制，器形略扁。胎体较薄。俗称白菜瓶。多见黑胎类。

213】T22：8，生烧。口颈残缺。胎色灰黑。无釉。足径 6、残高 11.4 厘米。（图 2-30；彩图 2-47）

214】T22：11，下部残缺。胎色灰黑。釉色青灰，釉层较厚开片，片纹呈褐黄色纹络。口径约 4.4、残高 6 厘米。（图 2-30；彩图 2-47）

215】Y2：14，上部残缺。胎色灰黑。釉色青灰，釉层较厚开片。仅足端无釉。足径约 7、残高 4.7 厘米。（图 2-30；彩图 2-47）

B 型　口颈呈三角形，一侧三角形凸出，一侧扁平带圆系。一般圆系用于悬挂，故俗称壁挂瓶。

216】Y2：29，下部残缺。口唇花边。胎色灰，胎体薄。釉色青，釉层较厚，釉面局部冰裂。圆系被釉填满。口最大边长 3.3、残高 3 厘米。（图 2-30；彩图 2-47）

C 型　直腹，卧足。一般为侈口，直颈，折肩。俗称槌式瓶或纸槌瓶。

217】T4④：13，上部残缺。胎色灰白，胎体较薄。釉色青灰，釉层较厚，釉面局部冰裂。足端无釉。足径 6.8、残高 6 厘米。（图 2-30；彩图 2-47）

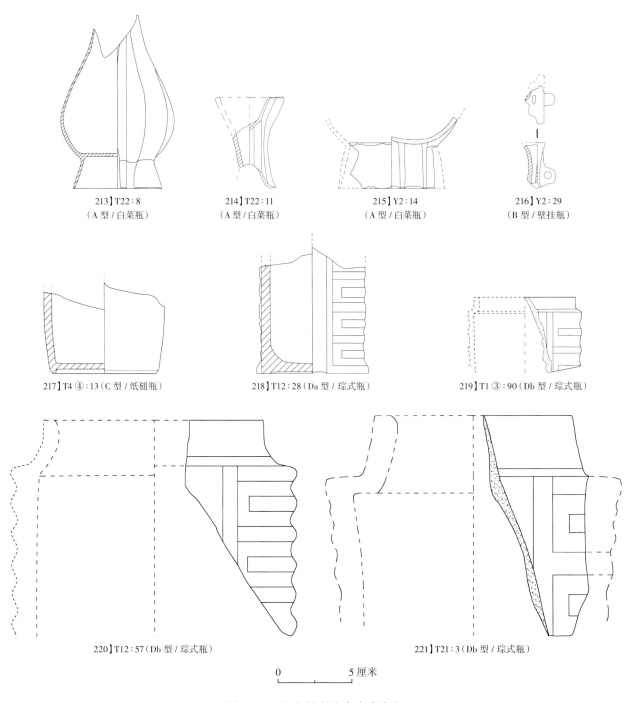

213】T22：8
（A 型 / 白菜瓶）

214】T22：11
（A 型 / 白菜瓶）

215】Y2：14
（A 型 / 白菜瓶）

216】Y2：29
（B 型 / 壁挂瓶）

217】T4④：13（C 型 / 纸槌瓶）

218】T12：28（Da 型 / 琮式瓶）

219】T1③：90（Db 型 / 琮式瓶）

220】T12：57（Db 型 / 琮式瓶）

221】T21：3（Db 型 / 琮式瓶）

0　　　　　5 厘米

图 2-30　瓦窑垟窑址出土青瓷瓶

213〗T22：8（A 型／白菜瓶）

215〗Y2：14（A 型／白菜瓶）

216〗Y2：29（B 型／壁挂瓶）

214〗T22：11（A 型／白菜瓶）

217〗T4 ④：13（C 型／纸槌瓶）

彩图 2-47　瓦窑垟窑址出土青瓷瓶

218】T12:28（Da 型 / 琮式瓶）　　　　　219】T1 ③:90（Db 型 / 琮式瓶）

220】T12:57（Db 型 / 琮式瓶）　　　　　221】T21:3（Db 型 / 琮式瓶）

彩图 2-48　瓦窑垟窑址出土青瓷瓶

D 型　直圆口，折肩，方腹，方形平底。腹部模制横竖凸棱似古琮。俗称琮式瓶。按胎釉可分 2 亚型。

Da 型　灰黑胎，胎体较薄。釉层较厚。

218】T12:28，生烧。上部残缺。外底中间微凹。胎色灰黑，胎体较薄。釉色灰黄，釉层较厚。底边长 7.6、残高 8.2 厘米。（图 2-30；彩图 2-48）

Db 型　灰胎，胎体厚。釉层较厚。

219】T1 ③:90，下部残缺。胎色灰，胎体较厚。釉色青黄，釉层较厚，釉面局部冰裂。口径 6.8、残高 5 厘米。（图 2-30；彩图 2-48）

220】T12：57，下部残缺。胎色灰，胎体较厚。釉色青灰，釉层较厚，釉面局部冰裂。口径14.8、残高 14.5 厘米。（图 2-30；彩图 2-48）

221】T21：3，下部残缺。胎色灰，胎体较厚。釉色青灰，釉层较厚。口径 13.2、残高 14.5 厘米。（图 2-30；彩图 2-48）

E 型　直口或侈口，长直颈，削肩，腹下部丰满，圈足。俗称胆式瓶或悬胆瓶。

222】T5①：31，生烧。侈口。胎色灰黄，胎体薄。口径 4.8、足径 6.8、高 16.4 厘米。（彩图 2-49；图 2-31）

223】T12：63，口颈残缺，足端较窄。胎色灰白，胎体较厚。釉色青绿，釉层较厚。足端无釉。足径 6、残高 7.8 厘米。（彩图 2-49；图 2-31）

F 型　侈口，圆唇，长颈微内束，弧肩，扁球腹，圈足。颈部两侧对称贴竖直的管状贯耳。俗称贯耳瓶、投壶。用于投箸游戏。

224】Y2：31，肩部饰两道弦纹。胎色灰白，胎体薄。釉色淡青，釉层凝厚。足端无釉。口径 3.6、足径 2、高 6.8 厘米。（图 2-31；彩图 2-50）

G 型　直口，长颈，颈中间有圆凸，削肩，鼓腹，下腹斜收，卧足。胎体较厚。俗称吉字瓶，一般有配套镂空器座。

225】T1④：61，口、腹、底部残缺。胎色灰白。釉色青灰，釉层较厚。残高 9.6 厘米。（图 2-31；彩图 2-50）

226】T12：75，口、颈、腹部残缺，下连器座，外底微凹。器座底残，腹部镂空，有模制花纹。胎色灰白。釉色青灰，釉层较厚。足端无釉。残高 3.5 厘米。（图 2-31；彩图 2-50）

222】T5①：31（E 型／胆式瓶）　　　　　　223】T12：63（E 型／胆式瓶）

彩图 2-49　瓦窑垱窑址出土青瓷瓶

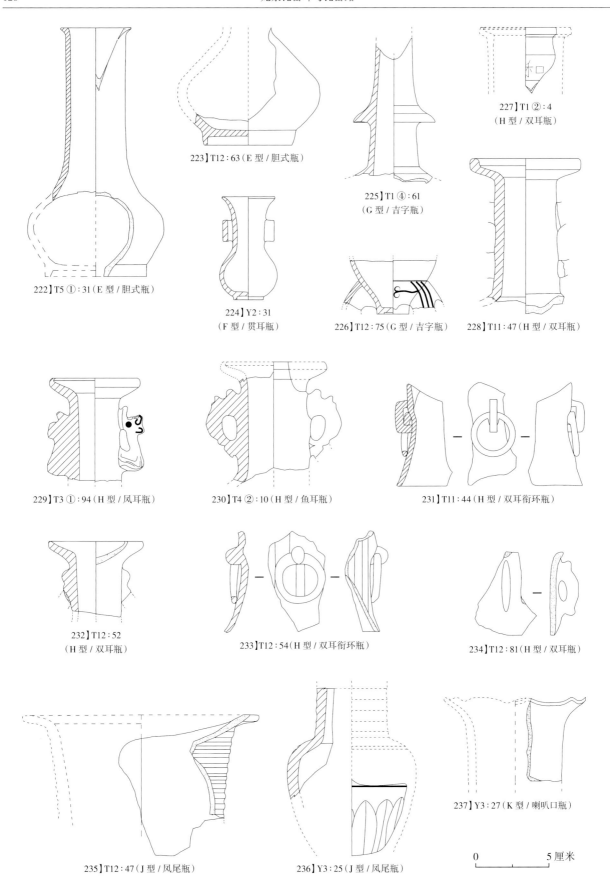

222】T5①：31（E 型／胆式瓶）

223】T12：63（E 型／胆式瓶）

224】Y2：31
（F 型／贯耳瓶）

225】T1④：61
（G 型／吉字瓶）

226】T12：75（G 型／吉字瓶）

227】T1②：4
（H 型／双耳瓶）

228】T11：47（H 型／双耳瓶）

229】T3①：94（H 型／凤耳瓶）

230】T4②：10（H 型／鱼耳瓶）

231】T11：44（H 型／双耳衔环瓶）

232】T12：52
（H 型／双耳瓶）

233】T12：54（H 型／双耳衔环瓶）

234】T12：81（H 型／双耳瓶）

235】T12：47（J 型／凤尾瓶）

236】Y3：25（J 型／凤尾瓶）

237】Y3：27（K 型／喇叭口瓶）

0   5 厘米

图 2-31　瓦窑垟窑址出土青瓷瓶

225】T1 ④：61（G 型 / 吉字瓶）

224】Y2：31（F 型 / 贯耳瓶）

226】T12：75（G 型 / 吉字瓶）

227】T1 ②：4（H 型 / 双耳瓶）

228】T11：47（H 型 / 双耳瓶）

彩图 2-50　瓦窑垟窑址出土青瓷瓶

H型　浅盘口，长直颈，折肩，斜直腹，卧足。颈部有双耳。俗称多样，一般按耳的形状，有凤耳瓶、鱼耳瓶、双耳衔环瓶等。

227】T1②：4，腹及底部残缺。口内敛，尖圆唇，颈较粗。颈部模制"和"字和一道凸弦纹。胎色灰白，胎体较薄。釉色青黄，釉层较厚。口径6、残高4.3厘米。（图2-31；彩图2-50）

228】T11：47，腹及底部残缺，双耳残缺。胎色灰，胎体较厚。釉色青灰，釉层凝厚开片。口径7、残高10厘米。（图2-31；彩图2-50）

229】T3①：94，腹及底部残缺。颈部有凤形双耳。胎色灰，胎体较厚。釉色青黄，釉层较厚，釉面冰裂。口径5.4、残高6.7厘米。（图2-31；彩图2-51）

230】T4②：10，腹及底部残缺。颈部有鱼形双耳。胎色灰，胎体较厚。釉色灰黄，釉层较厚，釉面冰裂。口径6.8、残高8厘米。（图2-31；彩图2-51）

231】T11：44，颈部残片。颈部有条形双耳衔环。胎色灰白，胎体较厚。釉色青灰，釉层凝厚。残高7厘米。（图2-31；彩图2-52）

232】T12：52，腹及底部残缺，颈部双耳残缺。胎色灰，胎体较厚。釉色青灰，釉层凝厚。

230】T4②：10（H型／鱼耳瓶）

229】T3①：94（H型／凤耳瓶）

232】T12：52（H型／双耳瓶）

彩图2-51　瓦窑垟窑址出土青瓷瓶

231】T11：44（H 型 / 双耳衔环瓶）

233】T12：54（H 型 / 双耳衔环瓶）

234】T12：81（H 型 / 双耳瓶）

235】T12：47（J 型 / 凤尾瓶）

236】Y3：25（J 型 / 凤尾瓶）

237】Y3：27（K 型 / 喇叭口瓶）

彩图 2-52　瓦窑垟窑址出土青瓷瓶

口径 6.4、残高 5 厘米。（图 2-31；彩图 2-51）

233】T12：54，颈部残片。颈部有圆纽形双耳衔环。胎色灰白，胎体较厚。釉色青绿，釉层较厚，釉面局部冰裂。残高 6.6 厘米。（图 2-31；彩图 2-52）

234】T12：81，颈部残片。颈部有条形双耳，条耳两端微翘。胎色灰白，胎体较厚。釉色青黄，釉层较厚，釉面局部冰裂。残高 5.5 厘米。（图 2-31；彩图 2-52）

J 型　喇叭状口，口沿外翻，圆唇，粗颈，弧肩，鼓腹。胎体较厚。俗称凤尾瓶。

235】T12：47，腹及底部残缺。颈部凹凸弦纹状均匀分布。胎色灰白。釉色青灰，釉层较厚。口径 16、残高 9.3 厘米。（图 2-31；彩图 2-52）

236】Y3：25，口及底部残缺。颈部凹凸弦纹状均匀分布，肩部有一道凸弦纹，下腹模制莲瓣纹。胎色灰。釉色淡青，釉层较厚。最大腹径 8.6、残高 10.9 厘米。（图 2-31；彩图 2-52）

K 型　喇叭状口，口沿呈荷叶状外翻，方唇，粗颈。胎体较薄。

237】Y3：27，腹及底部残缺。胎色灰。釉色青黄，釉层较厚，釉面冰裂。口径约 9.6、残高 5.5 厘米。（图 2-31；彩图 2-52）

（十六）觚

喇叭口，内曲长腹柄，圈足。腹柄四出戟。按底足不同可分 3 型。

A 型　圆圈足。下腹外撇，近足处折收，足壁斜收微内弧。

238】T3①：13，下腹及底部残片。胎色灰白，胎体厚。釉色淡青，釉层凝厚，足端无釉。足径 5.6、残高 5 厘米。（图 2-32；彩图 2-53）

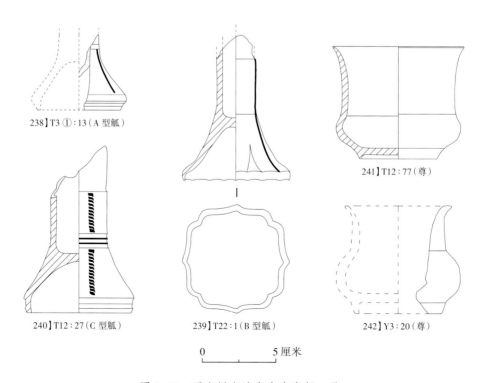

238】T3①：13（A 型觚）

240】T12：27（C 型觚）　　239】T22：1（B 型觚）　　242】Y3：20（尊）

241】T12：77（尊）

0　　　　　5厘米

图 2-32　瓦窑垟窑址出土青瓷觚、尊

238】T3①：13（A 型瓿）　　　239】T22：1（B 型瓿）　　　240】T12：27（C 型瓿）

241】T12：77（尊）　　　　　　　　　242】Y3：20（尊）

彩图 2-53　瓦窑垟窑址出土青瓷瓿、尊

B 型　方腹柄，方形圈足。下腹外撇，足边凹凸呈花瓣形。黑胎类。

239】T22：1，生烧。口颈残缺。胎色灰黑，胎体较厚。足端无釉。足径 7.2、残高 9.5 厘米。（图 2-32；彩图 2-53）

C 型　圆圈足。下腹微外撇，近足处折，足壁较直微内弧。

240】T12：27，生烧。口颈残缺。颈腹连接处有凹凸弦纹。胎色灰黄，胎体厚。足端无釉。足径 7、残高 11 厘米。（图 2-32；彩图 2-53）

（十七）尊

侈口，圆唇，粗矮颈，扁鼓腹，圈足，足端较窄。胎体较薄。

241】T12：77，胎色灰白。釉色青黄，釉层较厚，釉面冰裂。足端无釉。口径 8.8、足径 5.2、

高 7.4 厘米。（图 2-32；彩图 2-53）

242】Y3：20，胎色灰白。釉色青绿，釉层较厚，釉面冰裂。足端无釉。口径 7.2、腹径 8.4、足径 5.8、高 7.1 厘米。（图 2-32；彩图 2-53）

（十八）炉

一般器底有三足。按腹足形状不同可分 5 型。

A 型　管形足，口沿上有竖提耳。俗称鼎式炉。按口沿不同可分 3 亚型。

Aa 型　侈口，圆唇，束颈，鼓腹。

243】T1 ③：83，口沿残片。口沿上有条形提耳。胎色灰白，胎体较厚。釉色青黄，釉层较薄。口径约 11.6、残高 5 厘米。（图 2-33；彩图 2-54）

Ab 型　浅盘口微敛，圆唇。

244】T3 ①：66，口沿残片。口颈处有竖长方形耳錾。胎色灰白，胎体较薄。釉色青黄，釉层较薄，釉面冰裂。残高 4.1 厘米。（图 2-33；彩图 2-54）

Ac 型　直口，方唇，直腹，下腹弧收，平底。

245】T11：8，口及腹部残缺。胎色灰白，胎体较厚。釉色青灰，釉层较薄。外底无釉。口径 11.5、底径 6.2、高 9.8 厘米。（图 2-33；彩图 2-54）

B 型　圆锥形足，足端平。侈口平沿，矮直颈，扁鼓腹，圜底。俗称鬲式炉。内底一般有三孔。足根至下腹一般有出戟。胎体较薄。釉层较厚。有灰白胎和黑胎两类。按口沿不同可分 2 亚型。

Ba 型　圆口。

246】T4 ⑤：6，残存一足。胎色灰白。釉色青绿，釉面冰裂。足端无釉。口径 9.2、高 7.7 厘米。（图 2-33；彩图 2-54）

247】T12：83，残存二足。胎色灰。釉色粉青，釉层凝厚，釉面局部冰裂。足端无釉。口径 10.4、腹径 10.4、高 7 厘米。（图 2-33；彩图 2-54）

Bb 型　菱口。有黑胎类。

248】T22：17，残存一足。胎色灰黑。釉色粉青，釉层凝厚开片。足端无釉。口径 8.5、高 6.7 厘米。（图 2-33；彩图 2-54）

249】Y3：21，残存二足，足端残缺。胎色灰黑。釉色淡青，釉层凝厚开片。口径 9.4、残高 6.5 厘米。（图 2-33；彩图 2-55）

C 型　蹄形足。敛口，直腹，平底或圈足。俗称奁式炉或樽式炉，按腹部纹样不同又称八卦炉、贴花炉、弦纹炉等。

250】T1 ③：77，腹及底部残缺。平沿内凹。腹部贴葵花花叶。胎色灰白，胎体较厚。釉色青黄，釉层较厚，釉面冰裂。口径 12、残高 5 厘米。（图 2-33；彩图 2-55）

251】T1 ③：81，腹及底部残缺。圆唇，平沿内凹。腹部贴花八卦纹。胎色灰白，胎体较厚。釉色青黄，釉层较厚，釉面冰裂。口径 12、残高 4.9 厘米。（图 2-33；彩图 2-55）

252】T12：88，圆唇，平沿内凹，饼底，外底内凹，足悬空。腹部有 3 道凹弦纹。胎色灰白，

243】T1③：83（Aa 型／鼎式炉）

244】T3①：66（Ab 型／鼎式炉）

245】T11：8（Ac 型／鼎式炉）

246】T4⑤：6（Ba 型／鬲式炉）

247】T12：83（Ba 型／鬲式炉）

248】T22：17（Bb 型／鬲式炉）

249】Y3：21（Bb 型／鬲式炉）

250】T1③：77（C 型／樽式炉）

251】T1③：81（C 型／樽式炉）

252】T12：88（C 型／樽式炉）

253】Y2：43（C 型／樽式炉）

254】T4②：27（D 型／鼓钉炉）

255】T12：84（D 型／鼓钉炉）

256】T12：86（E 型／筒式炉）

257】T12：87（E 型／筒式炉）

258】T15①：9（E 型／筒式炉）

254.　　0　　　　　10厘米　　余　0　　　　5厘米

图 2-33　瓦窑垟窑址出土青瓷炉

胎体较厚。釉色淡青，釉层较厚。内壁施半釉，外底无釉。口径 8.4、底径 3.4、高 4.2 厘米。（图 2-33；彩图 2-55）

253】Y2：43，饼底，外底内凹，足悬空。腹部有弦棱。胎色灰。釉色青黄，釉层较厚。内壁施半釉，外底无釉。口径 8.4、底径 4、高 4 厘米。（图 2-33；彩图 2-55）

D 型　所见出土瓷片底足多残缺，一般为蹄形足或兽面纹足。敛口，弧腹，平底或卧足。上下腹部饰鼓钉，俗称鼓钉炉。

254】T4②：27，口腹残缺。卧足。下腹有鼓钉。胎色灰白，胎体较厚。釉色青黄，釉层较厚，釉面冰裂。足径 20、残高 4.2 厘米。（图 2-33；彩图 2-55）

255】T12：84，底足残缺。尖唇，窄弧沿。上下腹有鼓钉。胎色灰白，胎体较厚。釉色淡青，釉层较厚，釉面冰裂。口径 13.2、足径 7.8、残高 4.8 厘米。（图 2-33；彩图 2-56）

255】T12：84（D 型 / 鼓钉炉）

256】T12：86（E 型 / 筒式炉）

257】T12：87（E 型 / 筒式炉）

258】T15①：9（E 型 / 筒式炉）

彩图 2-56　瓦窑垟窑址出土青瓷炉

E 型　三角形足或如意云纹形足。敛口，圆唇，圆筒形直腹，腹部较深，平底或饼底。俗称筒式炉。

256】T12：86，腹部凹凸，饼底微凹，三角形足。胎色灰白，胎体较厚。釉色青灰，釉层较厚。外底无釉。口径 5.2、底径 3.4、高 5.8 厘米。（图 2-33；彩图 2-56）

257】T12：87，平底，三角云形足。胎色灰，胎体较厚。釉色青黄，釉层较薄。足端无釉。口径 5、底径 5、高 4.4 厘米。（图 2-33；彩图 2-56）

258】T15①：9，饼底微凹，三角形足。胎色灰白，胎体较厚。釉色青黄，釉层较厚，釉面局部有冰裂纹。足端无釉。口径 6.2、底径 2.8、高 5.5 厘米。（图 2-33；彩图 2-56）

（十九）灯

窑址内发现两类灯，一是多管灯，一是单管灯台。

A 型　多管灯。圈足。类盘、洗，内有多处灯管，灯管中空，下侧有孔。仅见黑胎类。

259】T1③：14，底残片。足端较窄。内底见两处残灯管。胎色灰黑，胎体薄。釉色青灰，釉层凝厚开片，片纹局部细碎。足端无釉，粘连粗瓷质垫饼。足径 11.2、残高 2.5 厘米。（图 2-34；彩图 2-57）

260】T12：72，灯管残片。管形，下侧有孔中空。胎色灰黑，胎体薄。釉色青灰，釉层凝厚开片，

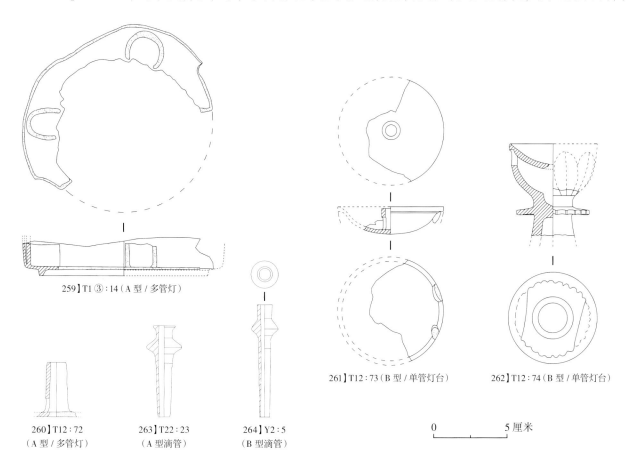

259】T1③：14（A 型 / 多管灯）

260】T12：72
（A 型 / 多管灯）

263】T22：23
（A 型滴管）

264】Y2：5
（B 型滴管）

261】T12：73（B 型 / 单管灯台）

262】T12：74（B 型 / 单管灯台）

0 —— 5 厘米

图 2-34　瓦窑垟窑址出土青瓷灯、滴管

259】T1 ③：14（A 型 / 多管灯）

260】T12：72（A 型 / 多管灯）

261】T12：73（B 型 / 单管灯台）

262】T12：74（B 型 / 单管灯台）

263】T22：23（A 型滴管）

264】Y2：5（B 型滴管）

彩图 2-57　瓦窑垟窑址出土青瓷灯、滴管

片纹细碎，呈褐黄色纹络。口径 1.2、残高 3.7 厘米。（图 2-34；彩图 2-57）

B 型　单管灯台。敞口，双层腹。内有灯管，中空，下侧有孔。

261〗T12：73，灯台残件。内腹弧收，外腹以下残缺，外腹似有镂空。胎色灰白，胎体较薄。釉色青灰，釉层较厚，釉面冰裂。口径 7、高 1.8 厘米。（图 2-34；彩图 2-57）

262〗T12：74，灯台残件。内腹残缺，外腹弧腹。直颈，颈部有饼状圆凸，颈以下残缺。外腹壁模制莲瓣纹，近口处有孔，颈部圆凸边缘呈花瓣状。胎色灰白，胎体较薄。釉色青绿，釉层较厚，釉面冰裂。残高 6 厘米。（图 2-34；彩图 2-57）

（二十）滴管

直管形，中空，上部有圆凸。施半釉。有灰白胎和黑胎两类。按上端端口不同可分 2 型。用途不明，待考证。

A 型　上端侈口弧沿，上部圆凸呈饼状。

263〗T22：23，胎色灰黑，胎体薄。釉色青灰，釉层凝厚开片，纹络细碎，呈褐黄色条纹。上口径 1.6、下口径 0.8、高 6 厘米。（图 2-34；彩图 2-57）

B 型　上端直口，上部圆凸呈纺轮状。

264〗Y2：5，胎色灰白，胎体薄。釉色青黄，釉层较厚，釉面冰裂。口径 1、残高 7.4 厘米。（图 2-34；彩图 2-57）

（二十一）鸟食罐

器形小。一般敛口，鼓腹。按器底不同可分 3 型。

A 型　圈足。

265〗T1④：32，口残。鼓腹。胎色灰白，胎体较薄。釉色青绿，釉层较厚。足端无釉。足径 2.4、残高 3.2 厘米。（彩图 2-58；图 2-35）

B 型　小平底。敛口，扁鼓腹。圆环形系。腹部多有模制纹饰。胎体较厚。中腹有拼接痕。

266〗T4④：19，腹部模制瓜形棱纹。胎色灰白。釉色淡青，釉层较薄，釉面冰裂。外底无釉。口径 2、底径 1.3、高 2.3 厘米。（彩图 2-58；图 2-35）

267〗T11：23，底部残缺。腹部模制多重叶纹。胎色灰白。釉色青灰，釉层较薄。口径 2.4、腹径 4.2 厘米。（彩图 2-58；图 2-35）

268〗T12：121，底部残缺，圆环形系残。中腹有凸棱，腹部模制瓜棱纹。胎色灰白。釉色青黄，釉层较薄。口径 3、腹径 6.2、残高 2.8 厘米。（彩图 2-58；图 2-35）

269〗T12：122，底部残缺。胎色灰白。釉色淡青，釉层较薄，釉面冰裂。中腹有拼接痕，口唇无釉。口径 4、残高 4.5 厘米。（彩图 2-58；图 2-35）

C 型　小圆底。斜下腹。

270〗T11：27，口腹残缺。胎色灰白，胎体较厚。釉色青灰，釉层较薄，釉面冰裂。底径 0.8、残高 2.2 厘米。（彩图 2-58；图 2-35）

265】T1 ④：32（A型鸟食罐）

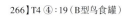

266】T4 ④：19（B型鸟食罐）

267】T11：23（B型鸟食罐）

268】T12：121（B型鸟食罐）

269】T12：122（B型鸟食罐）

270】T11：27（C型鸟食罐）

彩图 2-58　瓦窑垟窑址出土青瓷鸟食罐

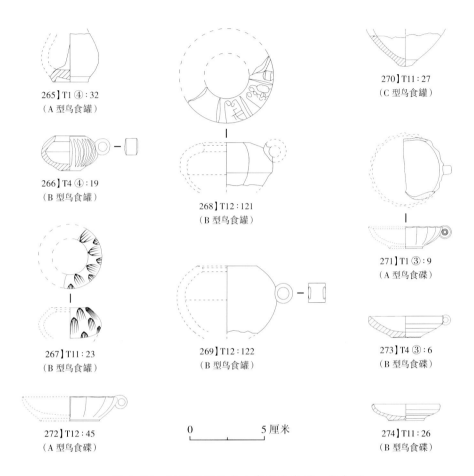

265】T1④：32
（A型鸟食罐）

266】T4④：19
（B型鸟食罐）

267】T11：23
（B型鸟食罐）

272】T12：45
（A型鸟食碟）

268】T12：121
（B型鸟食罐）

269】T12：122
（B型鸟食罐）

0　　　　　5厘米

270】T11：27
（C型鸟食罐）

271】T1③：9
（A型鸟食碟）

273】T4③：6
（B型鸟食碟）

274】T11：26
（B型鸟食碟）

图2-35　瓦窑垱窑址出土青瓷鸟食罐、鸟食碟

（二十二）鸟食碟

器形小巧。敞口。圆环形系。按底足不同可分2型。

A型　圈足。斜弧腹，圈足足端较窄。足端无釉。

271】T1③：9，花瓣口，尖圆唇。胎色灰白，胎体较薄。釉色淡青，釉层较薄，釉面局部冰裂。口径5、足径2.3、高1.4厘米。（图2-35；彩图2-59）

272】T12：45，花瓣口，尖圆唇。胎色灰白，胎体较薄。釉色淡青，釉层较薄，釉面局部冰裂。口径6.4、足径4、高1.6厘米。（图2-35；彩图2-59）

B型　小平底。尖圆唇，折腹，下腹斜收。

273】T4③：6，圆环形系残。外底微凹。下腹有两道弦纹。胎色灰白，胎体较薄。釉色淡青，釉层较厚，釉面局部冰裂。底无釉。口径5、底径2、高1.4厘米。（图2-35；彩图2-59）

274】T11：26，圆环形系残。外底微凹。下腹有两道弦纹。胎色灰白，胎体较薄。釉色淡青，釉层较厚。底无釉。口径4.6、底径2.4、高1.1厘米。（图2-35；彩图2-59）

271】T1③:9（A型鸟食碟）

272】T12:45（A型鸟食碟）

273】T4③:6（B型鸟食碟）

274】T11:26（B型鸟食碟）

彩图 2-59　瓦窑垟窑址出土青瓷鸟食碟

（二十三）器座

吉字瓶下器座。圆形敛口，弧腹，斜下腹，五丁足，足端呈方形。腹部镂空，足上端腹部有竖凸棱。可参见 G 型瓶 T12:75（226】）。

275】Y2:33，口残。胎色灰白，胎体较厚。釉色青灰，釉层较厚。足端无釉。中腹有拼接痕。残高 5.7 厘米。（图 2-36；彩图 2-60）

（二十四）不明器形

有些器形不明，下举两例。

276】T12:10，口（足）直管形，弧肩（腹）。胎色灰黑，胎体薄。釉色青，釉层凝厚开片，片纹呈褐黄色纹络。口（足）端无釉。若是口，则可能是瓶、壶类带盖装烧，所以口无釉。若是足，则似漏斗状。口（足）径 3.2、残高 3.9 厘米。（彩图 2-61）

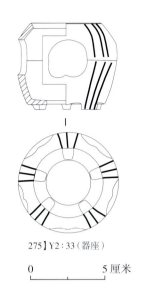

275】Y2：33（器座）

0　　　　　　　5厘米

图 2-36　瓦窑垱窑址出土青瓷器座

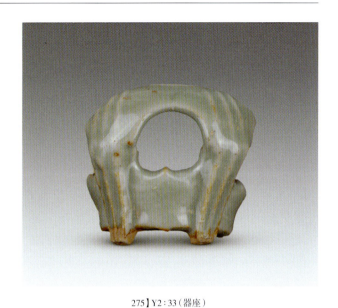

275】Y2：33（器座）

彩图 2-60　瓦窑垱窑址出土青瓷器座

276】T12：10（不明器形）

277】T1④：54（不明器形）

彩图 2-61　瓦窑垱窑址出土不明器形青瓷

277】T1④：54，口沿残片。侈口，平沿，圆唇，口沿呈葵口形。胎色灰白，胎体较薄。釉色青绿，釉层较厚，釉面有冰裂纹。可能是花盆口沿，也可能是炉口沿。（彩图 2-61）

二、生产装烧用具遗存

（一）碾钵

278】T5①：4，敞口，平唇微凹，弧腹，饼底。内壁底刻细线槽。胎色灰黄，胎体厚重。釉色灰黄，釉层较薄。内壁底和外底无釉。口径 26、底径 12、高 13.6 厘米。（图 2-37；彩图 2-62）

（二）荡箍

279】T1①：6，敛口，平沿微凹，直腹壁。胎色灰白，胎体厚。釉色灰青，釉层较厚，釉面有冰裂纹。外壁无釉。口径12.4、残高2.2厘米。（图2-37；彩图2-62）

（三）火照

按形状不同可分2型。

A 型 倒置盅形，上端平弧，斜腹，下端圈足状。

280】T1①：7，腹部偏上有圆洞，胎厚未穿孔。胎色灰，胎体较厚。釉色青灰，釉层较厚，釉面有细碎片纹。顶径2.2、足径4.4、高2.7厘米。（图2-37；彩图2-63）

B 型 片状，中间有圆孔。似口沿残片改制。

281】T3①：30，胎色灰，胎体较薄。釉色青黄，釉层较厚，釉面有细碎片纹。高2.8厘米。（图2-37；彩图2-63）

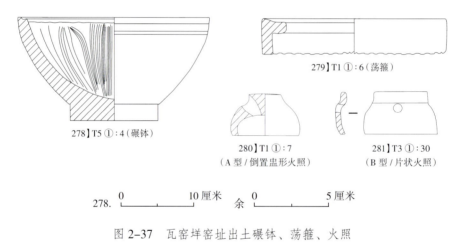

278】T5①：4（碾钵)

279】T1①：6（荡箍)

280】T1①：7
（A型/倒置盅形火照)

281】T3①：30
（B型/片状火照)

278. 0 ___ 10厘米 余 0 ___ 5厘米

图2-37 瓦窑垟窑址出土碾钵、荡箍、火照

278】T5①：4（碾钵)

279】T1①：6（荡箍)

彩图2-62 瓦窑垟窑址出土碾钵、荡箍

280】T1①：7（A型/倒置盅形火照）　　　　　281】T3①：30（B型/片状火照）

彩图 2-63　瓦窑垟窑址出土火照

（四）装烧间隔具

主要为垫饼，也有垫托、垫盏、支钉垫具等。一般在装烧时用于器坯与器坯或器坯与匣钵等之间。按形状不同可分 10 型。部分器形有粗瓷质和粗砂质两类胎质。窑业遗址中常见的泥质垫饼在此不再赘述。

A 型　盘形。敞口，坦弧腹，卧足。

282】T3①：21，内底有垫圈痕。粗瓷质，薄胎。口径 14.8、高 2 厘米。（图 2-38；彩图 2-64）

B 型　盏形。敞口，斜弧腹，平底微凸。

283】T3①：24，底微外凸。内底有垫圈痕。粗瓷质，薄胎。口径 8.6、高 2.5 厘米。（图 2-38；彩图 2-64）

C 型　碟形。敞口，坦斜腹，平底。

284】T7①：4，外壁有轮旋痕。粗砂质，薄胎。口径 10、高 1.4 厘米。（图 2-38；彩图 2-64）

D 型　圆饼带支钉。

285】T1①：1，一面有 4 个支钉，另一面有垫烧痕。粗砂质，厚胎。直径 4.4、高 1 厘米。（图 2-38；彩图 2-64）

286】T6①：32，一面边缘有 5 个支钉，另一面有垫烧痕。粗瓷质，厚胎。直径 3.9、高 1 厘米。（图 2-38；彩图 2-64）

E 型　圆饼形。一面平，一面坦腹平底。

287】T1①：5，平面有垫烧痕，有"田"字形刻符。底面粘有泥质垫饼。粗砂质，厚胎。直径 8.8、高 1.1 厘米。（图 2-38；彩图 2-64）

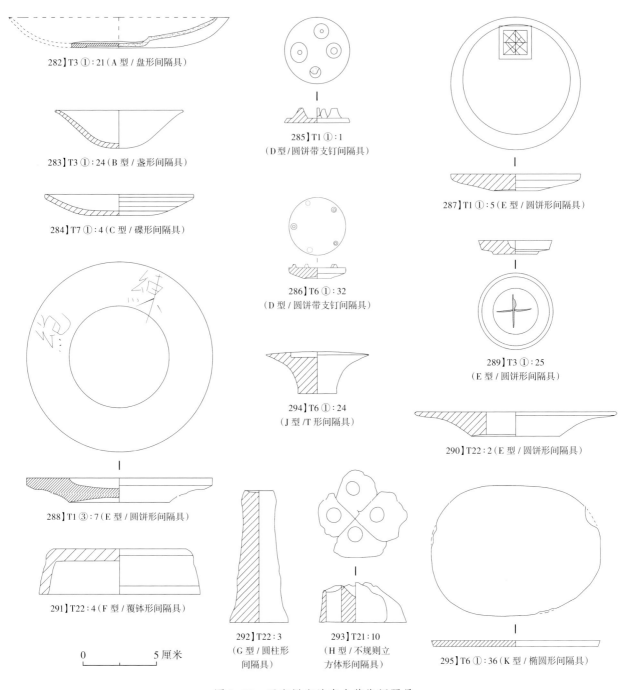

282】T3①：21（A 型 / 盘形间隔具）

283】T3①：24（B 型 / 盏形间隔具）

284】T7①：4（C 型 / 碟形间隔具）

285】T1①：1
（D 型 / 圆饼带支钉间隔具）

286】T6①：32
（D 型 / 圆饼带支钉间隔具）

287】T1①：5（E 型 / 圆饼形间隔具）

288】T1③：7（E 型 / 圆饼形间隔具）

289】T3①：25
（E 型 / 圆饼形间隔具）

290】T22：2（E 型 / 圆饼形间隔具）

291】T22：4（F 型 / 覆钵形间隔具）

0　　　　　5 厘米

292】T22：3
（G 型 / 圆柱形
间隔具）

293】T21：10
（H 型 / 不规则立
方体形间隔具）

294】T6①：24
（J 型 /T 形间隔具）

295】T6①：36（K 型 / 椭圆形间隔具）

图 2-38　瓦窑垟窑址出土装烧间隔具

288】T1③：7，平面中间下凹，边缘刻"绝练"二字，有垫烧痕。底内凹。粗瓷质，厚胎。直径 12.6、底径 6.8、高 1.6 厘米。（图 2-38；彩图 2-65）

289】T3①：25，平面中心内凹，有垫圈痕。底面中心平凸，刻"十"字符。粗瓷质，厚胎。直径 5、高 0.9 厘米。（图 2-38；彩图 2-65）

290】T22：2，平面有垫烧痕。底面微凹。中间有圆孔。粗瓷质，厚胎。直径 13.8、底径 6、孔径 4、高 1.6 厘米。（图 2-38；彩图 2-65）

282】T3 ①：21（A 型 / 盘形间隔具）　　　　　283】T3 ①：24（B 型 / 盏形间隔具）

284】T7 ①：4（C 型 / 碟形间隔具）　　　　　285】T1 ①：1（D 型 / 圆饼带支钉间隔具）

286】T6 ①：32（D 型 / 圆饼带支钉间隔具）　　287】T1 ①：5（E 型 / 圆饼形间隔具）

彩图 2-64　瓦窑垟窑址出土装烧间隔具

288】T1③：7（E 型 / 圆饼形间隔具）

289】T3①：25（E 型 / 圆饼形间隔具）

290】T22：2（E 型 / 圆饼形间隔具）

291】T22：4（F 型 / 覆钵形间隔具）

292】T22：3（G 型 / 圆柱形间隔具）

293】T21：10（H 型 / 不规则立方体形间隔具）

彩图 2-65　瓦窑垟窑址出土装烧间隔具

294】T6①：24（J型/T形间隔具）　　　　　　295】T6①：36（K型/椭圆形间隔具）

彩图 2-66　瓦窑垟窑址出土装烧间隔具

F 型　覆钵形。直壁。

291】T22：4，顶面微内凹。粗瓷质，厚胎。顶径9、口径11、高3厘米。（图2-38；彩图2-65）

G 型　圆柱形。

292】T22：3，上端较窄，顶面平微凹。下端宽，平底。粗砂质，厚胎。上端直径2、下端直径4、高8.7厘米。（图2-38；彩图2-65）

H 型　不规则立方体形。

293】T21：10，四块粘连，每块有一个圆孔。用于滴管烧制。粗砂质。宽5.8~6、高2.6厘米。（图2-38；彩图2-65）

J 型　T形。

294】T6①：24，顶部微弧，中间有圆形凹槽，下部柱形。粗砂质，厚胎。顶径7、高2.8厘米。（图2-38；彩图2-66）

K 型　椭圆形。

295】T6①：36，长径11.4、短径8.7、厚0.4厘米。（图2-38；彩图2-66）

（五）匣钵

一般为圆口，直壁。厚胎。按形制不同可分3型。

A 型　M形匣钵。顶内凹，壁微内斜。粗砂质。

296】T6①：11，外壁刻"三"字。口径16.5、顶径18、高8.5、内深4.5厘米，胎厚1.5厘米。（彩图2-67；图2-39）

297】T7①：1，外壁刻"大"字。口径15.6、顶径16.2、高6.8、内深3.2厘米，胎厚1.5厘米。（彩图2-67；图2-39）

296〗T6 ①：11（A 型 /M 形匣钵）

297〗T7 ①：1（A 型 /M 形匣钵）

298〗T2 ①：36（Ba 型 / 平顶匣钵）

299〗T3 ①：117（Ba 型 / 平顶匣钵）

300〗T3 ①：118（Bb 型 / 平顶匣钵）

301〗T2 ①：43（C 型 / 凸底匣钵）

彩图 2-67　瓦窑垟窑址出土匣钵

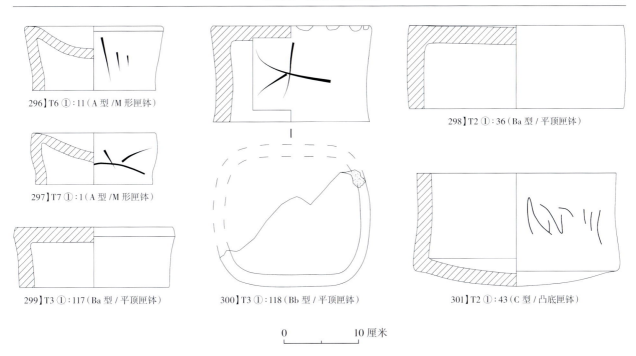

296】T6①：11（A 型 /M 形匣钵）

297】T7①：1（A 型 /M 形匣钵）

298】T2①：36（Ba 型 / 平顶匣钵）

299】T3①：117（Ba 型 / 平顶匣钵）

300】T3①：118（Bb 型 / 平顶匣钵）

301】T2①：43（C 型 / 凸底匣钵）

0　　　　　10 厘米

图 2-39　瓦窑垟窑址出土匣钵

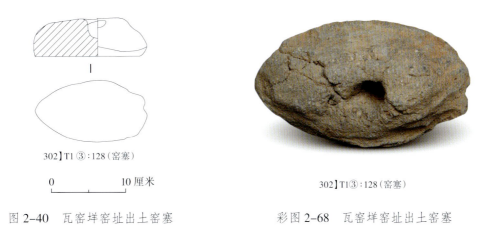

302】T1③：128（窑塞）

0　　　　　10 厘米

302】T1③：128（窑塞）

图 2-40　瓦窑垟窑址出土窑塞　　　　　彩图 2-68　瓦窑垟窑址出土窑塞

B 型　平顶匣钵。平顶，微束腰。粗砂质。按形状不同可分 2 亚型。

Ba 型　圆形。

298】T2①：36，口径 29、顶径 29、高 11 厘米，胎厚 2 厘米。（彩图 2-67；图 2-39）

299】T3①：117，口径 20、顶径 21、高 8 厘米，胎厚 2 厘米。（彩图 2-67；图 2-39）

Bb 型　曲角方形。平顶，四方直壁。

300】T3①：118，外壁刻"大"字。长约 21、宽约 19、高 12.7 厘米，胎厚 2 厘米。（彩图 2-67；图 2-39）

C 型　凸底匣钵。直壁，底外凸。粗砂质。

301】T2①：43，外壁刻字。口径 27、高 15 厘米，壁高 13 厘米，胎厚 2 厘米。（彩图 2-67；图 2-39）

（六）窑塞

302】T1③：128，椭圆形，一侧平，一侧鼓起，有圆窝。端头一端尖圆，一端圆弧。长 15、宽 8、厚 5 厘米。（图 2-40；彩图 2-68）

第四节　分期和年代

一、青瓷遗存的特征和分期

结合各窑炉原生地层出土青瓷器的产品特征，参考龙泉窑金村窑址群、东区窑址群、大窑窑址群以及瓦窑路窑址考古发掘所出青瓷的类型学队列，龙泉窑青瓷发展到南宋中期后，明显存在以宽圈足厚胎薄釉、外底垫烧为特征的民用瓷系列和以窄圈足薄胎厚釉、足端垫烧为特征的精品瓷系列，两系并行发展，应该分开进行分期研究。瓦窑垟窑址出土龙泉窑青瓷遗存可分为两系六组。

第一组，厚胎薄釉，釉质为玻璃质。圈足器足壁宽，有的足端斜削。内外壁双面刻划花，内壁多篦划纹和斜刻弧线，外壁多为斜线纹。一般外底垫饼装烧。主要器形为碗，如 B 型 I 式碗。

第二组，厚胎薄釉，釉质为玻璃质。圈足器足壁相对第一组略窄。内壁刻划花，外壁刻划莲瓣纹。有的内壁出筋，还有印戳"河滨遗范"等装饰。一般外底垫饼装烧。主要器形为碗、盘类，如 A 型 I 式、B 型 II 式碗，Cb 型 I 式盘，钵。

第三组，薄胎厚釉，主要为灰黑胎类型，釉质为玻璃质，但多有积釉增厚。圈足器足壁窄。主要为足端垫具装烧。主要器形有 Ca 型碗，Fa 型盏，Ba 型、Ca 型、F 型盘，B 型杯，B 型 I 式盒，Ab 型 I 式、Ba 型 I 式、Ca 型 I 式器盖，A 型、B 型、Da 型瓶，Bb 型炉，A 型鸟食碟，尊。

第四组，薄胎厚釉，为黑胎类型，釉质为玻璃质，细碎开片，片纹一般呈褐黄色纹络。圈足器足壁窄。主要为足端垫具装烧。主要器形有 Fb 型盏，Aa 型、Da 型盘，C 型洗，A 型杯，Aa 型碟，Ac 型器盖，A 型、E 型瓶，B 型瓿，A 型灯，A 型滴管。

第五组[1]，薄胎厚釉，主要为灰白胎类型，也有灰黑胎，釉质较为凝厚。圈足器足壁窄。主要为足端垫具装烧。主要器形有 A 型 II 式、Cb 型碗，A 型、B 型 I 式、B 型 II 式、D 型 I 式、E 型 I 式、Fc 型盏，Ab 型、Bb 型、Cb 型 II 式、Db 型盘，A 型、B 型洗，Ab 型碟，Aa 型、Ab 型 II 式、Ba 型 II 式、Bb 型、Ca 型 II 式、D 型器盖，C 型、F 型瓶，A 型、C 型瓿，Ba 型、D 型、E 型炉，B 型灯，B 型滴管，B 型、C 型鸟食碟。

第六组，主要为厚胎厚釉，也有厚胎薄釉，主要为灰白胎类型，也有灰黑胎，釉质一般比较凝厚，但也有玻璃质釉。圈足器足壁略宽厚，外壁近足处普遍有跳刀痕。圈足器装烧方式既有足

---

[1] 因为缺乏原生地层做依据，本组器物类型的划分其实就是把薄胎厚釉窄圈足特征的灰白胎类型单独列出，和第三组、第四组的灰黑胎类型区别开来。

端垫具装烧，也有外底垫饼装烧。主要器形有 A 型Ⅲ式、B 型Ⅲ式碗，B 型Ⅲ式、C 型、D 型Ⅱ式、
E 型Ⅱ式、G 型盏，A 型、B 型盅，Cb 型Ⅲ式、E 型、G 型盘，D 型洗，B 型碟，盏托，Aa 型、Ab 型、
Ac 型、B 型高足杯，Aa 型、Ab 型、Ac 型、Ad 型、B 型、C 型罐，Aa 型、Ab 型、B 型壶，Aa 型、
Ab 型、B 型Ⅱ式盒，Ab 型Ⅲ式、Ba 型Ⅲ式、Ca 型Ⅲ式、Cb 型、Cc 型器盖，G 型瓶，Aa 型、Ab
型、Ac 型、C 型炉，A 型、B 型鸟食罐，镂空器座等。

另外，Cb 型Ⅳ式盘 145】T5 ①：11，外底刮釉一圈，装烧的年代可能比第六组更晚，因属
于特例，不另做分期；Db 型、H 型、J 型瓶缺少腹底，较难判断其期别，看胎釉一般为第五组或
者第六组，或者二组均有，只是无法细分。

第三组、第四组和第五组的青瓷，造型精致，制作规整，器形相近，很多器形仅胎釉不同，
特别是瓶、尊、洗、瓿等陈设器的器形，与郊坛下官窑晚期、杭州老虎洞修内司官窑晚期器形相近。
譬如 A 型瓶，就存在于第三组和第四组，实际上也有残片可以归入第五组。故将此三组列入龙泉
窑精品瓷系。

第一组、第二组的青瓷以碗、盘为主。第六组的青瓷器形和装饰题材丰富，窑址所见盏、罐、
盒等外销瓷数量多。这三组瓷器制作相对粗糙，故将此三组列入民用瓷系。

综上，瓦窑垟窑址出土的青瓷，第一组、第二组、第六组为民用瓷系，可分为三期，第一组
为民用瓷系第一期、第二组为民用瓷系第二期、第六组为民用瓷系第三期；第三组、第四组、第
五组为精品瓷系，可分为三期，第三组为精品瓷系第一期、第四组为精品瓷系第二期、第五组为
精品瓷系第三期。

二、根据窑址原生地层出土的瓷器分析窑炉以及两系各期的年代

由于近现代的扰乱，瓦窑垟窑址几乎没有未曾扰动的原生堆积层，仅在窑炉遗迹中有局部小
面积范围，经现场考古发掘可以确认为未曾扰动的原生堆积。

1）Y2 排烟坑内外窑底部位置和匣钵墙体未曾扰乱。出土可复原青瓷 4 件。对应分期为第六
组，即民用瓷系第三期。

2）Y4 在 Y2 排烟坑以西段的窑底和两侧匣钵墙体未曾扰乱。出土可复原青瓷 7 件。对应分
期为第五组，即精品瓷系第三期。

3）Y3 西北角窑底局部、匣钵墙体未曾扰乱。出土可复原青瓷 4 件。对应分期为第四组，即
精品瓷系第二期。

4）Y5 未完全发掘，Y3 叠压下的 Y5 匣钵墙体未曾扰乱。出土可复原青瓷 2 件。对应分期为
第三组，即精品瓷系第一期。

按窑炉遗迹的叠压打破关系，Y2 叠压打破 Y4，Y4 打破 Y3，Y3 叠压打破 Y5，所以 Y5 相对年
代最早，Y3 其次，Y4 再次，Y2 相对年代最晚。以下按年代推理顺序论述各窑炉及对应分期的年代。

（一）瓦窑垟 Y3 的年代

从瓦窑垟 Y3 原生地层出土的青瓷看，153】Y3：1 侈口折腹洗与瓦窑路窑址中的 31】

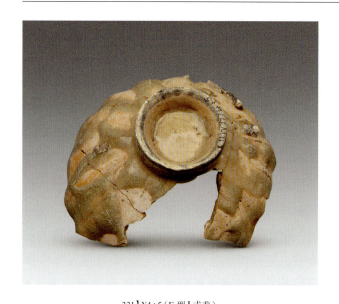

331】Y4:5（E 型 I 式盏）

彩图 2-70　瓦窑垟窑址 Y4 出土青瓷器

（四）瓦窑垟 Y4 的年代

瓦窑垟 Y4 打破了 Y3 窑炉，又被 Y2 叠压打破，所以 Y4 的产品肯定比第四组薄胎碎小开片纹络玻璃质厚釉的黑胎青瓷要晚，要比第六组的厚胎外销瓷要早。那么综上所述，其时间跨度应在南宋中期到元代中期之间。

Y4 原生地层出土的 7 件青瓷都是盏类，足端刮釉，釉层较为凝厚。其中有两件（Y4：1 与 117】Y4：4）是灰白胎侈口莲瓣纹盏（C型），莲瓣纹浅浮雕，瓣叶较窄，虽然未见相同器形的纪年资料，但与南宋晚期纪年墓出土的莲瓣纹碗[1]装饰、装烧特征基本一致，亦与枫洞岩窑址第一期莲瓣纹碗的特征相同。以此推测，Y4 的年代可以到南宋晚期。

另外 5 件盏是黑胎，其中敞口梅花盏（B 型 II 式）2 件（Y4：2 与 115】Y4：3），菊瓣花口盏 3 件［331】Y4：5（彩图 2-70）、Y4：6、Y4：7，生烧变形，可归于 E 型 I 式盏］。这两种器形与瓦窑路窑址和瓦窑垟 Y3 出土的黑胎盏类相比，胎体要稍厚，圈足足端则要略宽一些，开片片纹较大而并非细碎；与瓦窑垟窑址第六组的同型盏相比，胎体薄一些，圈足则要窄一些，有着较为明显的时代差异，因此年代应不晚于元代早期。

综上所述，瓦窑垟 Y4 的年代，即第五组精品瓷系第三期的年代，可能在南宋中晚期到元代早期阶段。

瓦窑垟 Y4 的性质，应是融合南宋官窑与龙泉窑本地元素后，生产龙泉窑精品瓷系产品的窑炉。

（五）瓦窑垟 Y1 的年代

瓦窑垟 Y1 为单独存在的窑炉，周边未见原生堆积层，故无法判定其绝对年代。从窑炉本体结构及墙体中的匣钵推断，其年代应是南宋时期。

三、各期特征和年代综述

通过以上对瓦窑垟窑址原生地层出土瓷器以及各组瓷器类型特征的分析，瓦窑垟窑址中发现的青瓷分为民用瓷系和精品瓷系两种序列分期。

民用瓷系第一期，即第一组。厚胎薄釉，双面刻划花装饰，外底垫饼装烧。可参考的纪年器

---

[1] 如咸淳十年（1274 年）浙江衢州史绳祖墓出土的莲瓣纹碗以及德祐元年（1275 年）浙江丽水叶梦登妻潘氏墓出土的莲瓣纹碗。参见朱伯谦主编《龙泉窑青瓷》图版 135、136（艺术家出版社，1998 年，第 164、166 页）。

如浙江省松阳县北宋元祐六年（1091 年）墓出土的青瓷碗、盘[1]。按龙泉窑金村窑址群和东区窑址考古发掘后的年代推定，年代是北宋晚期到南宋早期，即 11 世纪后半叶到 12 世纪初[2]。

民用瓷系第二期，即第二组。灰白胎类型，厚胎薄釉，外壁见有莲瓣纹装饰，内壁见有刻划花装饰、出筋装饰，内底见有戳印"河滨遗范"。葵口出筋的纪年资料有且仅有一件，即浙江省新昌县南宋绍兴二十九年（1159 年）墓出土的葵口出筋碗，此碗与窑址中出土的坦口浅腹、出筋、"河滨遗范"葵口碗，以及 1955 年安徽宋墓中出土的碗底墨书"庚戌年元美宅立"的"河滨遗范"葵口出筋碗，器形是完全不同的。从金村窑址群后呇窑址（YA3-17）的试掘情况看，1159 年葵口出筋碗的器形地层有可能要早于"河滨遗范"葵口出筋碗的器形地层[3]。此类特征的龙泉窑青瓷相当于龙泉窑东区窑址中的第四组[4]，在瓦窑路窑址中与黑胎类型共存。故瓦窑垟窑址内的第二组遗存可能略早于第四组遗存或共存，也可能略早于第三组遗存或共存。年代当在南宋中期。

第二组中有一类碗、盘，圈足斜削裹釉，外底垫烧，双重莲瓣纹装饰，莲瓣宽而叶尖，中脊微凸。按金村窑址群年代序列，其年代或能到南宋晚期。

民用瓷系第三期，即第六组。产品主要为灰白胎，也有灰胎较深的可归入黑胎，胎体普遍较厚。釉质有玻璃质釉也有凝厚釉。装饰技法多戳印印花、贴花、整体模制印花等，纹饰题材较丰富。圈足器装烧方式有垫饼外底垫烧，也有足端垫烧。产品多用于外销。年代为元代中期前后。

精品瓷系一期，即第三组，对应的生产窑炉为瓦窑垟 Y5。黑胎产品类型与郊坛下官窑晚期类型相仿。按窑炉叠压关系，年代早于第四组遗存。年代相当于南宋中期或偏早。

精品瓷系二期，即第四组，对应的生产窑炉为瓦窑垟 Y3。产品类型与瓦窑路窑址黑胎开片类型一致，与杭州老虎洞窑址晚期类型相仿。年代相当于南宋中期偏早阶段。

精品瓷系三期，即第五组。产品主要为灰白胎，也有灰胎较深的可归入黑胎，胎体普遍较薄。釉质主要为凝厚釉。装饰技法主要为刻划花，题材主要为外壁莲瓣纹。圈足器装烧方式普遍为足端刮釉垫烧。年代大约为南宋中期至元代早期。

另外，以 Cb 型Ⅳ式盘 145】T5 ①：11 为代表的外底刮釉一圈的垫烧方式，枫洞岩窑址发掘报告中有说明是产生于元代晚期的垫烧方式[5]。

综上所述，民用瓷系第一期年代为北宋晚期到南宋早期，约为 11 世纪后半叶到 12 世纪初。民用瓷系第二期年代为南宋中晚期，约为 12 世纪末到 13 世纪前半叶。精品瓷系第一期和第二期的年代为南宋中期偏早，为 12 世纪末到 13 世纪初。精品瓷系第三期年代为南宋中期至元代早期，约为 13 世纪前期至后半叶。民用瓷系第三期年代为元代中期，约为 13 世纪晚期到 14 世纪前期。

综上所述，瓦窑垟窑场最早可能在北宋晚期到南宋早期已开始建窑烧瓷，在南宋中期除了继

[1] 浙江省文物考古研究所编：《浙江纪年墓与纪年瓷·丽水卷》，文物出版社，2019 年，第 48~63 页。

[2] 据浙江省文物考古研究所《龙泉东区窑址发掘报告》（文物出版社，2005 年，第 404 页），"龙泉窑双面刻划花青瓷类型的发生年代推定在北宋神宗和哲宗元祐期间"。

[3] 据浙江省文物考古研究所、龙泉青瓷博物馆编著《龙泉金村窑址群——2013~2014 年调查试掘报告》（文物出版社，2019 年，第 272~274 页），1159 年葵口出筋碗的同类器形多数出现在第⑤层，"河滨遗范"葵口出筋碗的同类器形多数出在第③层。

[4] 浙江省文物考古研究所编：《龙泉东区窑址发掘报告》，文物出版社，2005 年，第 395 页。

[5] 浙江省文物考古研究所、北京大学考古文博学院、龙泉青瓷博物馆编著：《龙泉大窑枫洞岩窑址发掘报告》，文物出版社，2015 年。

续烧造龙泉窑传统青瓷外，又引入官窑烧瓷技术，生产出薄胎玻璃质厚釉但片纹风格迥异的两类黑胎青瓷，并在南宋中晚期形成传统民用瓷系和精品瓷系两个系列共同发展的瓷业体系，元代中期后则是外销瓷生产窑场之一。

第五节　纹饰与文字

瓦窑垟窑址出土器物的纹饰，按装饰技法可以分为刻划花、戳印花、贴花、浅浮雕、镂空和模制印花等。各个时代流行不同的装饰技法。北宋晚期的纹饰以双面刻划花为主流，一般碗、盘内腹壁辅以篦划纹，外壁刻斜线或者折扇纹。南宋中期以后常见外壁刻划或者浅浮雕莲瓣纹，内壁偶见刻划花。南宋末期至元早期的纹饰主要是内底贴鱼纹和外壁刻莲瓣纹，莲瓣纹也有刻划双线。元代中期以后的装饰技法比较多，有刻划花、浮雕、镂空、戳印印花、贴花以及整体模制印花等，纹饰题材也很丰富，主要有牡丹花纹、莲花纹、葵花纹、菊花纹、龙纹、凤纹、双鱼纹等。精品瓷系的龙泉窑青瓷除了外壁刻莲瓣纹外几乎没有其他装饰。另外，些许瓷器及较多的匣钵窑具上有刻写或墨书文字。因所获瓷片多数残缺，并不能全面反映窑址产品的面貌，但也和其他龙泉窑址考古的成果相呼应。

一、纹饰

（一）刻划花和浅浮雕装饰

（1）北宋晚期流行双面刻划花，内底也有刻划花

104】T5②：3，内壁刻划篦划纹，外壁刻划竖线纹。（图2-41）

105】T11：31，内壁刻划纹饰，外壁刻划篦划纹。（图2-41）

304】T5①：21，碗底残件。内壁刻篦点纹，外壁刻竖线纹。胎色灰白。釉色青黄。外底无釉。残高3.1、足径4.4厘米。（彩图2-71；图2-41）

305】T11：32，碗底残件。内壁底刻划纹饰，外壁似刻划篦划纹。胎色灰白。釉色淡青。足端和外底无釉。残高2.8、足径5.4厘米。（彩图2-71；图2-41）

306】Y2：16，碗底残件。内壁底刻划纹饰，外壁刻划篦划纹。胎色灰白。釉色青灰。外底无釉。残高3.6、足径6.6厘米。（彩图2-71；图2-41）

307】T4②：2，碗底残件。圈足。内底刻团菊花纹。胎色灰白，胎体厚。釉色淡青，釉层较薄，釉面有冰裂纹。外底无釉，粘有粗砂垫饼。残高3.1、足径6.2厘米。（彩图2-71；图2-41）

（2）南宋早期偶见外壁莲瓣纹，莲瓣较宽，有的内壁有刻划花

101】T4②：1，外壁刻莲瓣纹。（图2-42）

110】T12：94，外壁刻莲瓣纹。（图2-42）

139】T1②：19，外壁刻莲瓣纹，内壁刻划莲花纹。（图2-42）

194】T22：14，盖顶浅浮雕莲瓣纹。（图2-42）

304】T5①：21（篦点纹）　　　　　　305】T11：32（刻划花）

306】Y2：16（刻划花）　　　　　　307】T4②：2（团菊纹）

彩图 2-71　北宋晚期的双面刻划花装饰

（3）南宋中期以后常见外壁刻莲瓣纹，有的呈浅浮雕状，盘类器皿内壁常见刻菊瓣纹

113】T3①：47，外壁刻莲瓣纹。（图 2-43）

117】Y4：4，外壁刻莲瓣纹。（图 2-43）

140】T2①：4，外壁浅浮雕莲瓣纹。（图 2-43）

191】T3①：74，盖顶刻划莲瓣纹。（图 2-43）

192】T12：30，盖顶刻划莲瓣纹。（图 2-43）

134】T4②：21，内壁刻宽菊瓣纹。（图 2-43）

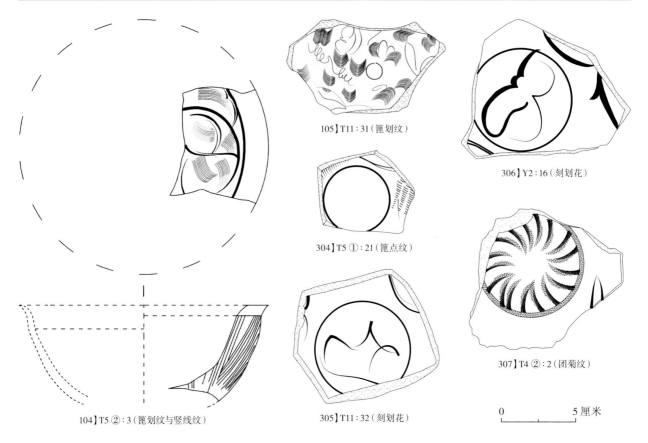

105】T11∶31（篦划纹）

304】T5①∶21（篦点纹）

306】Y2∶16（刻划花）

307】T4②∶2（团菊纹）

104】T5②∶3（篦划纹与竖线纹）

305】T11∶32（刻划花）

0　　　　　　5厘米

图 2-41　北宋晚期的双面刻划花装饰

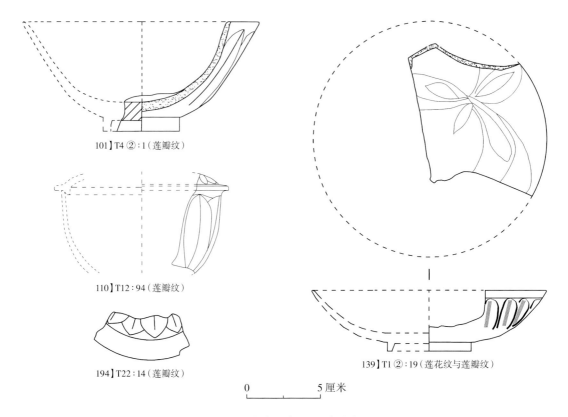

101】T4②∶1（莲瓣纹）

110】T12∶94（莲瓣纹）

194】T22∶14（莲瓣纹）

139】T1②∶19（莲花纹与莲瓣纹）

0　　　　　　5厘米

图 2-42　南宋早期的刻划花装饰

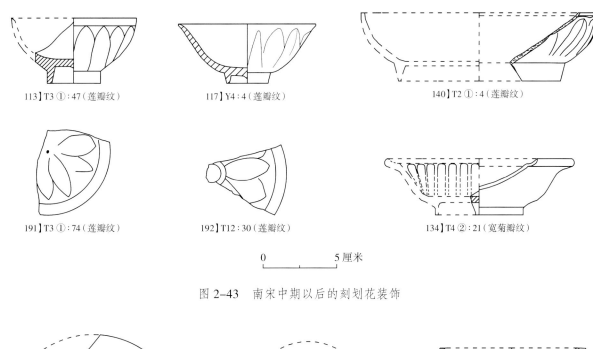

113】T3①：47（莲瓣纹）　　117】Y4：4（莲瓣纹）　　140】T2①：4（莲瓣纹）

191】T3①：74（莲瓣纹）　　192】T12：30（莲瓣纹）　　134】T4②：21（宽菊瓣纹）

0　　　　　5厘米

图 2-43　南宋中期以后的刻划花装饰

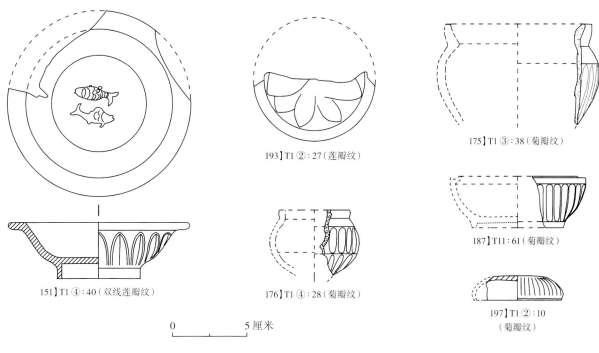

193】T1②：27（莲瓣纹）

175】T1③：38（菊瓣纹）

151】T1④：40（双线莲瓣纹）

176】T1④：28（菊瓣纹）

187】T11：61（菊瓣纹）

197】T1②：10（菊瓣纹）

0　　　　　5厘米

图 2-44　元代以后的刻划花装饰

（4）元代以后外壁莲瓣纹多见刻双线，内底贴花，罐、盒类器皿外壁浅浮雕菊瓣纹

151】T1④：40，外壁刻双线莲瓣纹，内底贴双鱼。（图 2-44）

193】T1②：27，盖顶刻划莲瓣纹。（图 2-44）

175】T1③：38，腹部浅浮雕菊瓣状棱纹。（图 2-44）

176】T1④：28，腹部分上、下两层浅浮雕菊瓣状棱纹。（图 2-44）

187】T11：61，外壁浅浮雕菊瓣纹。（图 2-44）

197】T1②：10，盖腹刻菊瓣纹。（图 2-44）

（二）戳印印花装饰

从大窑枫洞岩等窑址的发掘成果看，龙泉窑青瓷中的戳印印花装饰从元代中晚期开始大量出现，瓦窑垟窑址出土的元代器物也有较多的戳印印花装饰，题材主要有牡丹、莲花、婴戏、凤凰、双鱼等。

（1）莲花纹和荷叶莲花纹

107】T5③：4，内底心戳印莲花纹。（图2-45）

108】T5①：24，内底戳印莲花纹。（图2-45）

143】T5①：9，内底心戳印莲花纹。（图2-45）

308】T12：111，盘底残件。圈足。内底戳印荷叶莲花纹。胎色灰白，胎体较厚。釉色淡青，釉层较薄。外底无釉。足径7.8、残高1.6厘米。（彩图2-72；图2-45）

309】T3①：34，碗底残件。圈足。内底戳印莲花纹。胎色灰白，胎体厚。釉色淡青，釉层较薄，釉面有冰裂纹。外底无釉，粘有粗砂垫饼。足径3.2、残高1.6厘米。（彩图2-72；图2-45）

310】T1③：55，碗底残件。内底戳印莲花纹。胎色灰白。釉色青灰。外底和足端无釉。足径5.4、残高1.6厘米。（彩图2-72；图2-45）

311】T1④：55，碗底残件。内底戳印莲花纹。胎色灰白。釉色青黄。足端和外底无釉。足径5.2、残高1.7厘米。（彩图2-72；图2-45）

313】T1④：57，盘底残件。圈足。内底戳印莲花纹。胎色灰白，胎体较厚。釉色青灰，釉层较薄。足端和外底无釉。（彩图2-72；图2-45）

314】T3①：35，盘底残件。圈足。内底戳印莲花纹。胎色灰白，胎体较厚。釉色青灰，釉层较薄，釉面有冰裂纹。外底无釉。足径5、残高1.3厘米。（彩图2-72；图2-45）

315】T1③：51，盘底残件。圈足。内底戳印莲花纹。胎色灰白。釉色青灰。外底和足端无釉。足径5.6、残高2厘米。（彩图2-73；图2-45）

319】Y2：17，碗底残件。内底戳印荷叶莲花纹。胎色灰白，胎体较厚。釉色淡青，釉层较薄，釉面冰裂。外底无釉，粘有粗砂垫饼。足径5.8、残高1.4厘米。（彩图2-73；图2-45）

（2）牡丹花纹

312】T5①：20，碗底残件。内底戳印右曲枝牡丹花叶纹。胎色灰白，胎体厚。釉色青黄，釉层较厚，釉面有冰裂纹。外底一圈无釉，外底心内凹有釉。足径6.6、残高3.8厘米。（彩图2-73；图2-46）

（3）海棠花纹

318】T1④：58，碗底残件。内底戳印海棠花纹。胎色灰白，胎体厚。釉色青灰，釉层较厚。外底无釉。足径5、残高1.5厘米。（彩图2-73；图2-46）

（4）双鱼纹

129】Y2：25，内底戳印双鱼纹。

316】T5①：23，碗底残件。内底戳印双鱼纹。胎色灰白。釉色青黄。足端和外底无釉。足

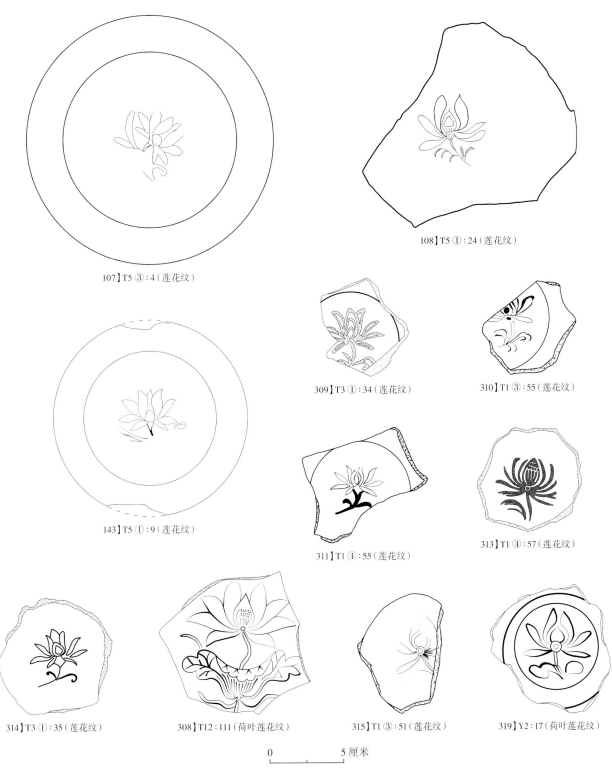

107】T5 ③：4（莲花纹）

108】T5 ①：24（莲花纹）

309】T3 ①：34（莲花纹）

310】T1 ③：55（莲花纹）

143】T5 ①：9（莲花纹）

311】T1 ④：55（莲花纹）

313】T1 ④：57（莲花纹）

314】T3 ①：35（莲花纹）

308】T12：111（荷叶莲花纹）

315】T1 ③：51（莲花纹）

319】Y2：17（荷叶莲花纹）

0　　　　　　5厘米

图 2-45　元代的戳印印花莲花纹和荷叶莲花纹

308【T12:111（荷叶莲花纹）

309【T3①:34（莲花纹）

310【T1③:55（莲花纹）

311【T1④:55（莲花纹）

313【T1④:57（莲花纹）

314【T3①:35（莲花纹）

彩图 2-72　元代的戳印印花装饰

315】T1③：51（莲花纹）

319】Y2：17（荷叶莲花纹）

312】T5①：20（牡丹花纹）

318】T1④：58（海棠花纹）

316】T5①：23（双鱼纹）

317】T11：29（双鱼纹）

彩图 2-73　元代的戳印印花装饰

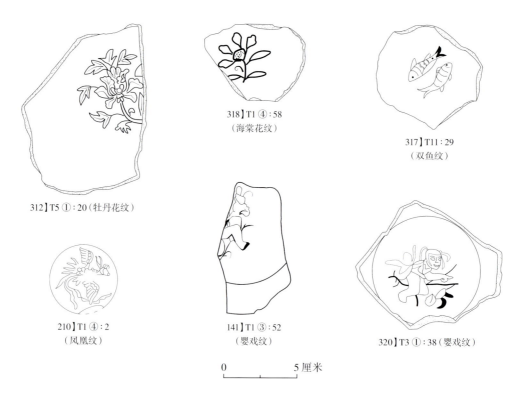

312】T5①：20（牡丹花纹）

318】T1④：58
（海棠花纹）

317】T11：29
（双鱼纹）

210】T1④：2
（凤凰纹）

141】T1③：52
（婴戏纹）

320】T3①：38（婴戏纹）

0　　　　　5厘米

图 2-46　元代的戳印印花装饰

320】T3①：38（婴戏纹）

彩图 2-74　元代的戳印印花装饰

径 6、残高 5.3 厘米。（彩图 2 73）

317】T11：29，盘底残件。圈足。内底戳印双鱼纹。胎色灰白，胎体较厚。釉色青黄，釉层薄。足端和外底无釉。足径 5.2、残高 1.7 厘米。（彩图 2-73；图 2-46）

（5）凤凰纹

210】T1④：2，盖顶戳印凤凰纹。（图 2-46）

（6）婴戏纹

141】T1③：52，内底心戳印婴戏纹。（图 2-46）

320】T3①：38，盘底残件。圈足。内底戳印婴戏纹。胎色灰白，胎体较厚。釉色青灰，釉层较薄，釉面有冰裂纹。足端和外底无釉。足径 5、残高 2 厘米。（图 2-46；彩图 2-74）

（三）贴花装饰

贴花是元代龙泉窑盛行的装饰技法之一，特别是露胎贴花，瓦窑垟窑址中也有发现。

（1）内底贴花

115】Y4：3，内底心贴梅花纹。（图2-47）

128】T1③：13，内底贴葵花，露胎。（图2-47）

150】T5③：1，内底贴两条龙纹，露胎。（图2-47）

151】T1④：40，外壁刻双线莲瓣纹，内底贴双鱼。（图2-47）

321】T12：102，盂底残件。弧腹，卧足。内底贴双鱼纹，内底边缘有一个圆形褐斑。胎色灰白，胎体较厚。釉色淡青，釉层较薄，釉面有冰裂纹。足端和外底无釉。足径3.8、残高2.9厘米。（彩图2-75；图2-47）

321】T12：102（双鱼纹）

彩图2-75　元代的贴花装饰

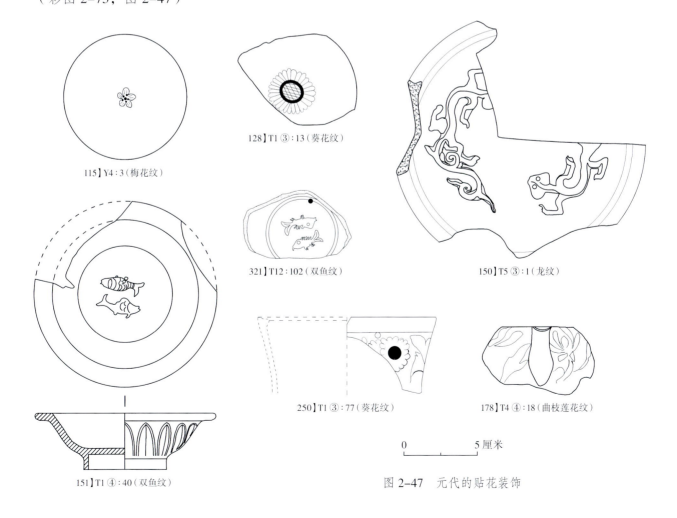

115】Y4：3（梅花纹）

128】T1③：13（葵花纹）

321】T12：102（双鱼纹）

150】T5③：1（龙纹）

151】T1④：40（双鱼纹）

250】T1③：77（葵花纹）

178】T4④：18（曲枝莲花纹）

0　　　　　5厘米

图2-47　元代的贴花装饰

（2）外壁贴花

250】T1③：77，腹部贴葵花花叶。（图2-47）

178】T4④：18，腹部贴曲枝莲花纹。（图2-47）

（四）整体模制印花装饰

这种装饰是在器物制作时，将各种纹饰刻划于范内，合范成型后纹饰留在器物表面，其中有主纹和带状辅纹。瓦窑垟窑址中的此类装饰仅见于元代中期后的产品，主要用于小罐、盒等小件器物。主纹有龙纹、羽纹、菊花纹、牡丹纹等。辅纹有折线纹等。

170】T1②：7，上下腹均有模制花纹。（图2-48）

172】T1③：35，上腹有模制四爪龙纹。（图2-48）

173】T5①：12，下腹模制羽状纹。（图2-48）

174】T1④：20，上腹模制缠枝牡丹花纹，下腹模制莲瓣纹。（图2-48）

185】T1③：43，上腹模制卷云纹，下腹模制辅纹折线纹。（图2-48）

203】T3①：72，盖顶面模制莲瓣纹。（图2-48）

205】T12：32，盖顶面模制莲瓣纹。（图2-48）

266】T4④：19，腹部模制瓜形棱纹。（图2-48）

267】T11：23，腹部模制多重叶纹。（图2-48）

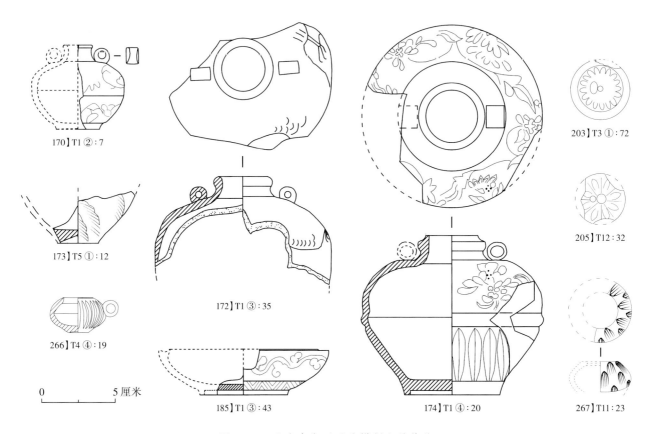

170】T1②：7

173】T5①：12

266】T4④：19

172】T1③：35

185】T1③：43

203】T3①：72

205】T12：32

174】T1④：20

267】T11：23

0　　　　5厘米

图2-48　元代中期以后的模制印花装饰

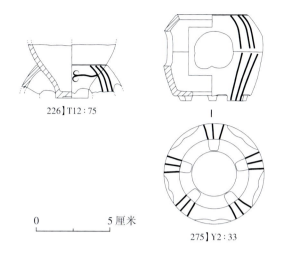

226】T12：75

275】Y2：33

图 2-49　镂空装饰

322】T12：115（河滨遗范）

323】T1③：98（河滨遗范）

324】T15①：1（河滨遗范）

彩图 2-76　戳印文字

（五）镂空装饰

主要用于器座。

226】T12：75，镂空。（图 2-49）

275】Y2：33，镂空。（图 2-49）

二、文字

在器物上装饰文字使用的技法，瓦窑坪窑址发现 4 种，即戳印、刻划、模制和墨书。

（一）戳印文字

仅发现戳印"河滨遗范"，文字排列方式有两种，都是竖排，一种先右后左，一种先左后右。

322】T12：115，碗底残件。弧腹，圈足。内底戳印"河滨遗范"，文字竖排，先右后左。胎色灰白，胎体较厚。釉色青黄，釉层较厚。足端和外底无釉。足径 5.2、残高 3.8 厘米。（彩图 2-76；图 2-50）

323】T1③：98，碗底残件。弧腹，圈足。内底戳印"河滨遗范"，文字竖排，先左后右。胎色灰白，胎体较厚。釉色青绿，釉层较薄，釉面有冰裂纹。外底无釉。（彩图 2-76；图

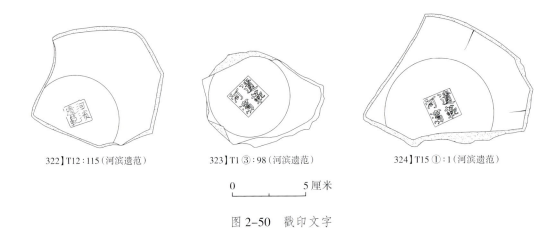

322】T12：115（河滨遗范）　　　323】T1③：98（河滨遗范）　　　324】T15①：1（河滨遗范）

0　　　　　　5厘米

图 2-50　戳印文字

2-50）

324】T15①：1，碗底残件。弧腹，圈足。内腹有出筋条纹。内底戳印"河滨遗范"，文字竖排，先左后右。胎色灰白，胎体较厚。釉色青黄，釉层较薄。外底无釉。足径 3.4、残高 3.6 厘米。（彩图 2-76；图 2-50）

（二）刻划文字

除了少量瓷器上发现刻划文字，有比较多的匣钵、垫具上见有刻划文字，主要有一、二、三、四、七、九、千、万、天、地、王、上、大、全、号、叶、乘、清、东、吴、平、定、乙、己、元、正、仙等。

325】T1④：11，碗底残件。圈足。内底刻划"西"字。胎色灰白，胎体厚。釉色青黄，釉层较薄。足端和外底无釉。足径 4.4、残高 2.1 厘米。（彩图 2-77；图 2-51）

326】T6①：40，碗底残件。圈足。内底刻划"练"字。胎色灰白，胎体厚。釉色青灰，釉层较薄，

325】T1④：11（西）　　　　　　　　　326】T6①：40（练）

彩图 2-77　刻划文字

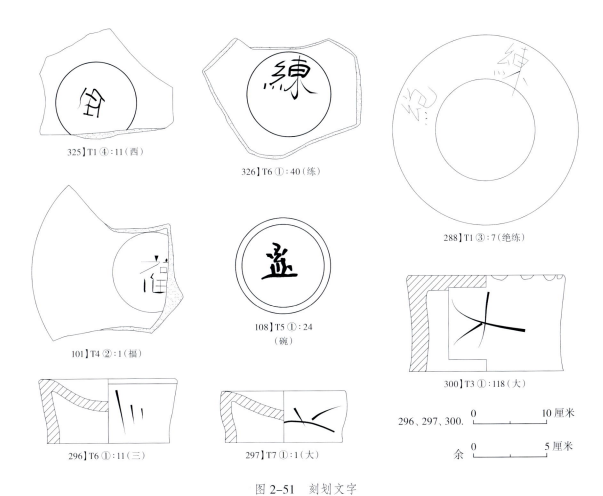

325〗T1④:11（西）

326〗T6①:40（练）

288〗T1③:7（绝练）

101〗T4②:1（福）

108〗T5①:24
（碗）

300〗T3①:118（大）

296、297、300. [0 —— 10 厘米]

296〗T6①:11（三）

297〗T7①:1（大）

余 [0 —— 5 厘米]

图 2-51　刻划文字

327〗T12:109（南位）

328〗T4④:1（天）

彩图 2-78　墨书文字

釉面局部冰裂。足端和外底无釉。足径 4.8、残高 3.2 厘米。（彩图 2-77；图 2-51）

101】T4②：1，内底釉下刻划"福"字。（图 2-51）

108】T5①：24，外底刻划文字，似异体"碗"字。（图 2-51）

288】T1③：7，边缘刻划"绝练"二字。（图 2-51）

296】T6①：11，外壁刻划"三"字。（图 2-51）

297】T7①：1，外壁刻划"大"字。（图 2-51）

300】T3①：118，外壁刻划"大"字。（图 2-51）

（三）墨书文字

327】T12：109，碗底残件。圈足，足端斜削。内底釉下墨书"南位"二字。胎色灰黄，胎体厚。釉色灰黄，釉层较薄开片，片纹细碎呈褐黄色纹络。足端和外底无釉。足径 6.2、残高 1.6 厘米。（彩图 2-78；图 2-52）

328】T4④：1，碗底残件。圈足。外底墨书"天"字。胎色灰黄，胎体厚。釉色灰黄，釉层较薄。外底无釉。足径 6.2、残高 2.8 厘米。（彩图 2-78；图 2-52）

（四）模制文字

227】T1②：4，颈部模制"和"字。（图 2-53）

327】T12：109（南位）　　328】T4④：1（天）　　227】T1②：4（和）

0　　　　　5厘米　　　　　　　　　　　　　　0　　　　　5厘米

图 2-52　墨书文字　　　　　　　　　　　　图 2-53　模制文字

第三章 龙泉窑溪口片区窑址群试掘纪要

一、概况

龙泉窑溪口片区窑址群位于浙江省龙泉市查田镇溪口行政村北部。窑址主要分布在谷下坑、夫人殿垟、社基垟、傀儡垟、大磨涧边、瓦窑洞、瓦窑垟、金罐、棉田、桥头垅等地，全国第三次文物普查后共登录窑址 12 处。（图 3-1）

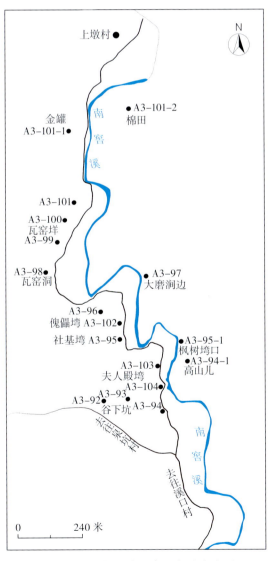

图 3-1 龙泉窑溪口片区窑址分布图

溪口片区窑址群内各窑址从清末至民国乃至21世纪初曾被盗掘多次。2011年3~7月，浙江省文物考古研究所会同龙泉青瓷博物馆对该片区窑址群进行了试掘与调查，布探沟13条。参与人员有浙江省文物考古研究所沈岳明、徐军，龙泉青瓷博物馆周光贵、吴涛涛等。后期资料整理工作由徐军、祝利英完成。

二、各窑址保存现状、探沟分布位置及试掘地层简述

（一）傀儡垮窑址

有两处窑址，登录号A3-96、A3-102。

1）登录号A3-96。东至溪口至上墩村公路，南、西至山岗，北至山背。南北山势较陡，山上已被开垦造林，破坏严重。试掘探沟编号2011KLWTG1，地理坐标北纬27°55′6.1″、东经118°58′47.4″，海拔304±20米。探沟规格2米×3米。试掘探沟内分5层，①、②、③层为扰乱堆积层，④、⑤层为松软土层。⑤层下发现窑壁遗迹。（彩图3-1）

2）登录号A3-102[1]。位于A3-96号窑以东约50米。窑址早年被盗掘，破坏十分严重。试

彩图 3-1　傀儡垮 TG1

---

[1] 三普调查资料中，该窑址登录在社基垮窑址群中。

彩图 3-2　傀儡塆 TG10

掘探沟编号 2011KLWTG10，地理坐标北纬 27°55′5.4″、东经 118°58′50.8″，海拔 287±20 米。探沟规格 2 米 × 3 米，方向 345°。试掘探沟内地层划分为 9 大层，其中②层可以分为② a、② b 两小层。①、② a、② b 层为扰乱堆积层。③层灰黑色土层为间隔层，该层下有石墙遗迹。④层为原生堆积层。⑤、⑥层为间隔层，含古代建筑垃圾和少量青瓷，⑥层下有石墙和泥池遗迹。⑦层为石墙和泥池之间的垫土。⑧层为石墙一侧填土。⑨层为石墙下土层。⑨层下为生土。（彩图 3-2）

（二）社基塆窑址

登录号 A3-95，东至南窑溪（墩头涧）边，南至山岗，西至岗顶，北至溪口至上墩村公路。山上已被开垦造林，破坏严重。试掘探沟编号 2011SJWTG2，地理坐标北纬 27°55′4.1″、东经 118°58′50.8″，海拔 281±11 米。探沟规格 2 米 × 3 米。试掘探沟内分 4 层，①、②、③层为扰乱堆积层，④层为黏软土层，④层下为生土。②层下发现两道石墙，打破③、④层。（彩图 3-3）

（三）夫人殿塆窑址

登录号 A3-94、A3-103、A3-104，东至南窑溪，南接至谷下坑，西至山岗，北至夫人殿岗。溪口村至上墩村公路从窑址东侧穿过，山上已被开垦造林，破坏十分严重。试掘探沟编号 2011FRDTG3，地理坐标北纬 27°54′54.1″、东经 118°58′57.5″，海拔 287±10 米。探沟规格 2.5 米 ×

彩图 3-3　社基垟 TG2

彩图 3-4　夫人殿垟 TG3

3 米。试掘探沟选址不佳，探沟内仅分两层，均为扰乱堆积层。（彩图 3-4）

（四）谷下坑窑址

登录号 A3-92、A3-93，位于溪口村北法严寺遗址东北侧，东至溪口村至上墩村公路，南至泉坑涧，西至垅源山岗直下至泉坑村公路，北至谷下坑半山岗。谷下坑有内岙和外岙之分。窑址分布在内岙（A3-92）和外岙（A3-93）之中，山上已被开垦造林，破坏十分严重。在内岙、外岙及两岙之间各布试掘探沟 1 条，编号分别为 2011GXKTG4、2011GXKTG5、2011GXKTG6。

1）试掘探沟 2011GXKTG4，地理坐标北纬 27°54′49.4″、东经 118°58′47.8″，海拔283±13 米。探沟规格 2 米 ×3 米，方向 355°。试掘探沟内分 3 层，①、②层为扰乱堆积层，③层为红褐色硬土层，③层下为生土。③层下发现石墙遗迹 1 处。（彩图 3-5）

2）试掘探沟 2011GXKTG5，地理坐标北纬 27°54′50.3″、东经 118°58′50.2″，海拔 286±6 米。探沟规格 2 米 ×3 米，方向 2°。试掘探沟内分 3 层，①层为扰乱堆积层，②、③层为原生堆积层，③层下为生土。（彩图 3-6）

3）试掘探沟 2011GXKTG6，地理坐标北纬 27°54′49.3″、东经 118°58′53.6″，海拔 296±7 米。探沟规格 2 米 ×3 米，方向 5°。试掘探沟内分 4 层，均为扰乱堆积层，④层下为生土。（彩图3-7）

彩图 3-5　谷下坑 TG4

彩图 3-6　谷下坑 TG5

彩图 3-7　谷下坑 TG6

（五）金罐窑址

登录号 A3-101-1，位于瓦窑垟窑址北。早年被盗掘，破坏十分严重。试掘探沟编号 2011JGTG7，地理坐标北纬 27°55′28.0″、东经 118°58′53.6″，海拔 300±21 米。探沟规格 2.5 米 × 3.5 米，方向 358°。由于地势的原因在此处只做一个解剖面，即试掘探沟的 3 个面。试掘探沟内分 3 层，①、②层为扰乱堆积层，③层为黄褐色硬土层，③层下为生土。（彩图 3-8）

（六）枫树塆口窑址

登录号 A3-95-1，位于夫人殿塆窑址东北。早年被盗掘，破坏十分严重。试掘探沟编号 2011FSWTG8，地理坐标北纬 27°55′2.0″、东经 118°58′58.4″，海拔 292±16 米。探沟规格 2 米 ×3 米，方向 337°。试掘探沟内仅有一层扰乱堆积层，发现一段窑壁墙体遗迹。（彩图 3-9）

（七）高山儿窑址

登录号 A3-94-1，位于夫人殿塆窑址东北，枫树塆口窑址南侧。早年被盗掘，破坏十分严重。试掘探沟编号 2011GSETG9，地理坐标北纬 27°54′54.0″、东经 118°59′2.0″，海拔 299±9 米。探沟规格 2 米 ×3 米，方向 353°。试掘探沟内仅有一层扰乱堆积层，发现一段窑壁墙体遗迹。（彩图 3-10）

彩图 3-8　金罐 TG7

彩图 3-9　枫树墰口 TG8

彩图 3-10　高山儿 TG9

（八）瓦窑洞窑址

登录号 A3-98，位于八宝山东南麓山脚，现是一片竹林山，有两条窑床。早年被盗掘，破坏十分严重。试掘探沟编号 2011WYDTG11，地理坐标北纬 27°55′8.9″、东经 118°58′38.3″，海拔 301±12 米。探沟规格 2 米 ×3 米，方向 358°。试掘探沟内分 3 层，均为扰乱堆积层。③层下有窑壁遗迹。（彩图 3-11）

（九）大磨洞边窑址

登录号 A3-97，位于瓦窑垟窑址东南，南窖溪以东山麓。早年被盗掘，几乎破坏殆尽。试掘探沟编号 2011DMTG12，地理坐标北纬 27°55′9.5″、东经 118°58′54.7″，海拔 293±15 米。探沟规格 2 米 ×3 米，方向 5°。因暴雨塌方，实际未完成试掘，但采集到一些青瓷残片。

（十）棉田窑址

登录号 A3-101-2，位于上墩村村落内。试掘探沟编号 2011MTTG1，地理坐标北纬 27°55′32.9″、东经 118°58′51.9″，海拔 256±11 米。探沟在现存圆形沼气坑内向下发掘，面积约 10 平方米。试掘探沟内分 5 层，①、②、③层为扰乱堆积层。④、⑤层为原生堆积层。⑤层下发现石墙遗迹。（彩图 3-12）

彩图 3-11　瓦窑洞 TG11

彩图 3-12 棉田 TG1

因窑址保存现状不佳，均未发现有价值的叠压地层。其中傀儡垮 TG10 所在地点应是一处作坊遗址。

三、各窑址遗物及年代简述

各窑址出土的青瓷多数与瓦窑垟窑址出土各年代青瓷类型相若，以下仅选取具有代表性的器物介绍，粗窥各窑址生产状况。各窑址出土青瓷大多数为灰白胎和灰胎，仅在金罐、枫树垮口、大磨涧边窑址发现少量比较明显的黑胎青瓷。按前文瓦窑垟窑址出土器物的年代序列，溪口片各窑址试掘出土青瓷可以分为北宋中晚期青瓷、南宋中期薄胎青瓷、南宋中晚期薄胎厚釉青瓷、南宋中晚期厚胎青瓷、元代中晚期青瓷。

1）北宋中晚期青瓷，主要为双面刻划花碗类。

2）南宋中期的薄胎精品青瓷，包括有黑胎青瓷。

3）南宋中晚期薄胎厚釉青瓷，器形丰富，发现的器类器形与瓦窑垟窑址同期产品基本相同，圈足器足壁较窄，足端刮釉垫烧。可能延续到元代早期。主要器形有莲瓣纹盏、芒口盏、梅花纹敞口盏、菊瓣盏、折沿折腹洗、折沿出戟鬲式炉、纸槌瓶、尊、盒、盒盖、鸟食罐等。

4）个别窑址发现有南宋中晚期的厚胎民用类型青瓷，主要是碗类，器形风格与金村窑址群等地发现的同期产品基本相同。

5）多数窑址发现有元代中晚期青瓷，器类器形风格与瓦窑垟等窑址的同期产品基本相同。多为厚胎民用类型青瓷产品，釉层有厚有薄，圈足器足壁较宽，一般为外底垫烧，瓶、壶类足端垫烧。主要器形有高足杯、菱口盘、模制印纹小罐、双鱼纹盘、瓜形壶、吉字瓶、双耳瓶、灯台、樽式炉（贴花或八卦纹）、鸟食碟、盒、壶盖、罐盖等。

以下简单说明各窑址探沟内出土龙泉青瓷的大致年代，重点介绍南宋中期的薄胎精品青瓷，包括黑胎青瓷，其他年代的产品风格与前文瓦窑垟窑址的雷同，在此不再赘述。

（一）傀儡垟窑址

1）傀儡垟TG1：出土的龙泉窑青瓷可分为3个年代序列，即北宋中晚期、南宋中晚期到元代早期、元代中晚期。

2）傀儡垟TG10：出土的龙泉窑青瓷可分为两个年代序列，即南宋中晚期到元代早期和元代中晚期。其中南宋中晚期到元代早期的产品相对于瓦窑垟南宋中晚期的精品瓷类型而言，制作较为粗糙，可能年代仅在元代早期。有一件灰胎的薄胎厚釉开片纹葵口盘，胎略薄，器形类似南宋中期的葵口盘，但圈足特征却是南宋晚期到元代早期的特征。

401】TG10②b：8，葵口盘。葵瓣口，圆唇，宽平沿，浅折腹，圈足，足壁较窄，足端较尖。胎色灰，胎壁较薄。釉色青褐斑驳，釉层凝厚开片。足端刮釉垫烧。口径15.4、足径6、高3.5厘米。（彩图3-13）

（二）社基垟窑址

社基垟TG2内出土的龙泉窑青瓷可分为3个年代序列，即北宋中晚期、南宋中晚期到元代早期、元代中晚期。

401】TG10②b：8（葵口盘）

彩图3-13 傀儡垟TG10出土南宋中期青瓷残片

（三）夫人殿垟窑址

夫人殿垟 TG3 内出土的龙泉窑青瓷可分为两个年代序列，即南宋中晚期到元代早期和元代中晚期。该窑址如果找到原生堆积层，有可能存在南宋中晚期和元代早期的叠压地层。

（四）谷下坑窑址

1）谷下坑 TG4：出土的龙泉窑青瓷可分为 3 个年代序列，即南宋中期、南宋中晚期到元代早期和元代中晚期。

南宋中期的薄胎青瓷，胎色灰，釉层较凝厚，采集到的器形有折沿折腹洗、莲瓣纹敞口盘、菱口盘、八方盘、带把敞口杯等。

402】TG4①：27，折腹洗。折腹，圈足，足壁窄，足端尖。胎色灰白，胎壁薄。釉色青绿，釉层凝厚，釉面有冰裂纹。足端刮釉垫烧。足径 6.6、残高 3.5 厘米。（彩图 3-14）

403】TG4①：30，敞口盘。敞口，斜弧腹，圈足，足壁较窄，足端较尖。外壁刻宽莲瓣纹，莲瓣中脊微凸。胎色灰白，胎壁较薄。釉色青灰，釉层凝厚，外壁釉面有冰裂纹。足端刮釉垫烧。口径约 17、足径约 8、高 3.5 厘米。（彩图 3-14）

404】TG4①：31，菱口盘。菱口，圆唇，宽平沿，浅折腹，圈足，足壁较窄，足端较尖。胎色灰黄，胎壁较薄。釉色青黄，釉层凝厚，釉面光素。足端刮釉垫烧。口径约 15、足径约 5、高 2 厘米。（彩图 3-14）

405】TG4①：42，带把敞口杯。敞口，尖唇，弧腹，圈足，足壁窄，足端尖。把手残，把手上端为平三角状。胎色灰白，胎壁薄。釉色青绿，釉层凝厚开片。足端刮釉垫烧。口径 12、足径 7、高 4.5 厘米。（彩图 3-14）

2）谷下坑 TG5：仅采集到元代中晚期的龙泉窑青瓷标本。

3）谷下坑 TG6：出土的龙泉窑青瓷可分为 3 个年代序列，即北宋中晚期、南宋中晚期到元代早期、元代中晚期。其中一件菱口折沿盘，胎略薄，釉层凝厚，圈足特征为南宋晚期到元代早期特征。

406】TG6④：5，菱口盘。菱瓣口，圆唇，宽平沿，浅折腹，圈足，足壁较窄，足端平。胎色灰白，胎壁较薄。釉色青灰，釉层凝厚，釉面光素。足端刮釉垫烧。口径 16、足径 6、高 3.8 厘米。（彩图 3-15）

（五）金罐窑址

金罐 TG7 出土的龙泉窑青瓷可分为两个年代序列，即南宋中晚期到元代早期、元代中晚期。其中一件黑胎碗，薄胎，片纹纹络类似瓦窑路窑黑胎碎小开片纹络，但片纹并不碎小，釉层也较厚，圈足足端平。其南宋中晚期到元代早期的青瓷似可分为粗、精两类。

407】TG7①：36，碗，口腹残。斜弧腹，圈足，足壁窄，足端平。胎色黑，胎体薄。釉色青灰，釉层较厚开片，片纹呈灰黄色纹络，釉面斑驳。足径 6.4、残高 2.9 厘米。（彩图 3-16）

402】TG4 ①：27（折腹洗）

404】TG4 ①：31（菱口盘）

403】TG4 ①：30（敞口盘）

405】TG4 ①：42（带把敞口杯）

彩图 3-14 谷下坑 TG4 出土南宋中期青瓷残片

406】TG6 ④：5（菱口盘）

彩图 3-15　谷下坑 TG6 出土南宋晚期至元代早期青瓷残片

407】TG7 ①：36（碗）

彩图 3-16　金罐 TG7 出土南宋中晚期至元代早期青瓷残片

（六）枫树塆口窑址

枫树塆口 TG8 出土的龙泉窑青瓷可分为两个年代序列，即南宋中期、元代中晚期。其中南宋中期青瓷为薄胎厚釉，也采集到少量黑胎青瓷残片，开片片纹纹络与瓦窑路窑黑胎碎小开片纹络相近。

408】TG8：7，葵口盘，腹部以下残。葵口，折沿。胎色灰黑，胎体较薄。釉色青灰较斑驳，釉层凝厚开片，局部片纹碎小，呈灰黄色纹络。（彩图 3-17）

409】TG8：10，盘口瓶，颈部以下残。浅盘口，粗颈。胎色灰白，胎体较薄。釉色青灰，釉层较厚开片。（彩图 3-17）

410】TG8：14，八方盏，腹部以下残。胎色灰黑，胎壁薄。釉色青褐，釉层凝厚开片，局部

408】TG8：7（葵口盘）

409】TG8：10（盘口瓶）

410】TG8：14（八方盏）

411】TG8：15（瓶）

彩图 3-17　枫树塆口 TG8 出土南宋中期青瓷残片

片纹碎小，呈灰黄色纹络。（彩图 3-17）

411】TG8：15，瓶，腹部以上残。花式圈足。胎色灰黑，胎壁薄。釉色酱青色，釉层凝厚开片，局部片纹碎小，呈灰黄色纹络。（彩图 3-17）

（七）高山儿窑址

高山儿 TG9 出土的龙泉窑青瓷可分为两个年代序列，即南宋中晚期到元代早期、元代中晚期。

（八）瓦窑洞窑址

瓦窑洞 TG11 出土的龙泉窑青瓷可分为两个年代序列，即南宋中晚期到元代早期、元代中晚期。其中一件内底有支钉痕的碗以及一件支钉窑具，未能明确烧制年代。

412】TG11①：1，碗，口腹残。圈足，足壁宽直。胎色灰白，胎体厚重。釉色淡青，釉层较薄开片。外底和足端无釉，内底有4点支钉痕。足径6、残高2.2厘米。（彩图3-18）

413】TG11③：12，支钉窑具。粗砂质，圆饼形，其中一面中间有4个支钉。由412】TG11①：1可知此种支钉窑具应是支钉向下置于器物内底起间隔作用。（彩图3-18）

（九）大磨涧边窑址

大磨涧边TG12出土的龙泉窑青瓷可分为3个年代序列，即南宋中期、南宋中晚期到元代早期、元代中晚期。其中出土一件内底有支钉痕的碗。南宋中期青瓷为薄胎厚釉，也采集到少量黑胎青瓷残片。

414】TG12②：4，碗，口腹残。较深弧腹，圈足，足壁宽直。胎色灰白，胎体厚重。釉色淡青，釉层薄。外底和足端无釉，内底残留2点支钉痕。足径6.4、残高5.1厘米。（彩图3-19）

415】TG12①：7，折沿折腹洗。侈口，折沿，斜腹，下腹折收，圈足，斜足壁，足端极窄。胎色灰白，胎体薄。釉色青绿，釉层凝厚。足端刮釉垫烧。口径约10.3、足径6.8、高2.7厘米。（彩图3-19）

416】TG12②：5，敞口小盘。敞口，尖圆唇，弧腹，圈足，足壁极窄。胎色灰黑，胎体薄。釉色青灰，釉层凝厚开片。足端刮釉垫烧。口径约10、足径6、高2.5厘米。（彩图3-19）

417】TG12②：6，敞口小盘。敞口，尖圆唇，弧腹，圈足，足壁极窄。胎色灰黑，胎体薄。釉色青灰斑驳，釉层较厚开片。足端刮釉垫烧。口径约9.4、足径6.4、高2.5厘米。（彩图3-19）

418】TG12②：14，鬲式炉，腹部以下残。侈口，折沿，束颈。胎色灰黑，胎体薄。釉色

412】TG11①：1（碗）

413】TG11③：12（支钉窑具）

彩图3-18　瓦窑洞TG11出土瓷器和窑具

414】TG12 ② : 4（碗）

416】TG12 ② : 5（敞口小盘）

417】TG12 ② : 6（敞口小盘）

415】TG12 ① : 7（折沿折腹洗）

418】TG12 ② : 14（鬲式炉）

彩图 3-19　大磨涧边 TG12 出土青瓷残片

419】TG12 ①：11（瓶）

420】TG12 ②：15（瓶）

彩图 3-20　大磨涧边 TG12 出土青瓷残片

青灰斑驳，釉层较厚开片。足端刮釉垫烧。（彩图 3-19）

419】TG12 ①：11，瓶，残存底部。花式圈足，中间有对接痕。胎色灰，胎体薄。釉色青绿，釉层较厚开片。足端刮釉垫烧。（彩图 3-20）

420】TG12 ②：15，瓶，残存底部。圈足，中间有对接痕。胎色灰黑，胎体薄。釉色青灰，釉层较厚开片。足端刮釉垫烧。（彩图 3-20）

（十）棉田窑址

棉田 TG1 出土的龙泉窑青瓷均为元代中晚期外销瓷产品。该窑址可能在元代早期就有烧造。

四、小结

通过对溪口片窑址群的试掘，我们有如下收获和疑问：

1）溪口片窑址群的主要烧制年代在元代，主要生产器形小巧的盏、罐、盒、瓶、高足杯等外销瓷。

2）多数窑址从南宋中期开始建窑烧制。少量窑址发现有北宋中晚期青瓷标本，但数量较少，难以判断是否在该时期就有建窑烧造。

3）仅在金罐、枫树塆口、大磨涧边 3 处窑址发现有比较明显的黑胎青瓷。其中金罐窑址距离瓦窑垟窑址很近，且扰动严重，是否存在烧制黑胎青瓷的窑场仍有待证明，所出土的黑胎青瓷残片类型与瓦窑路窑址及瓦窑垟窑址第四组的碎小开片纹络黑胎青瓷相近，但片纹并不碎小。枫树塆口窑址则有可能存在烧制碎小开片纹络黑胎青瓷的窑场。大磨涧边窑址发现的黑胎青瓷开片并不碎小，片纹也不明显晕散，但胎体极薄，与瓦窑路窑址以及瓦窑垟窑址第三组、第四组的青瓷特征似乎又略有不同，很可能是晚于瓦窑垟窑址第四组的黑胎产品。

4）仅在金罐窑址发现有南宋中晚期厚胎青瓷类型。

5）包括瓦窑垟窑址在内，共 3 处窑址发现有支钉窑具。这种支钉窑具是置于厚胎薄釉类青瓷碗内底，而不是用于外底支烧的。其年代并不能确定为南宋早期，也有可能是元代的，有待考证。

第四章　浅谈关于龙泉窑青瓷研究的两个问题

第一节　浅谈龙泉窑青瓷分期研究

一、历年来龙泉窑分期研究探索历程

近现代关于龙泉窑青瓷的研究可以追溯到 20 世纪 30 年代。陈万里先生于 1928 年首次进行龙泉窑考古调查，之后他"九下龙泉、八上大窑"，通过多次实地考察，对龙泉窑窑场的分布、龙泉窑生产品种、文献中有关"章生一、章生二兄弟"的记载以及龙泉青瓷的原料产地、窑炉窑具、销售市场等问题提出了自己的认识和观点[1]。随后他在大窑村完成了中国第一部田野考察报告《瓷器与浙江》[2]，该书于 1946 年 10 月出版，主要阐述了对青瓷的调查研究及其调查过程，特别是龙泉大窑的发现过程，是最早关于龙泉青瓷的研究专著。

其后，陈万里先生在《中国青瓷史略》[3]一书中又详细地对龙泉窑青瓷相关情况进行了阐述，从而开始了龙泉窑青瓷分期断代的探索历程。书中关于龙泉窑青瓷的主要内容有以下几点：一是提出了"早期龙泉"的概念，认为"此种早期龙泉产品渊源于越器，龙泉开始烧造的时期，大约在五代以后"；二是列举了龙泉窑址的分布情况，认为以前对龙泉窑范围的看法太狭窄了；三是列举了南宋至清代记载龙泉青瓷的历史文献，讲述了宋代黑胎和粉青釉白胎，以及元代、明代和清代一些产品的特征。陈万里先生的研究，为龙泉青瓷的研究探索打开了大门。

近代对龙泉窑研究作出贡献的，还有徐渊若先生和徐家珍先生。20 世纪 40 年代，徐渊若先生在担任龙泉县长期间[4]，曾"亲炙瓷片，翻阅载籍，并与斯道之权威相往来"，又亲历窑址，遍观藏家珍品，于 1944 年撰写出《哥窑与弟窑》[5]。此书广征博引，引用文献众多，内容分为概说、哥弟窑之研究、随笔三部分。第一部分主要讲述了民国时期龙泉窑的发掘（盗掘）情况、仿制情况以及哥弟窑之鉴别；第二部分分别从胎质、釉色、纹片、纹饰和款式进行探讨；第三部分描述大窑龙泉窑遗址概况和文献中的相关记载。随后徐家珍先生对宋代龙泉窑作简单叙述，发

[1] 陈万里：《中国青瓷史略》，上海人民出版社，1956 年；紫禁城出版社编：《陈万里陶瓷考古文集》，紫禁城出版社，1997 年。
[2] 陈万里：《瓷器与浙江》，中华书局，1946 年。
[3] 陈万里：《中国青瓷史略》，上海人民出版社，1956 年。
[4] 徐渊若先生于 1943~1946 年担任龙泉县县长。
[5] 徐渊若：《哥窑与弟窑》，龙吟出版社，1945 年。百通（香港）出版社于 2001 年出版了该书的点校版。

表《宋龙泉窑的青瓷》[1]一文。这些论著是从传统金石学的角度对龙泉青瓷进行的研究，虽然因为缺乏考古材料的支持而不免有张冠李戴之嫌，但从古文献研究角度来说，对于龙泉窑研究有一些参考价值。

中华人民共和国成立以后，周恩来总理对恢复我国历代名窑非常重视，指示要恢复濒临绝迹的龙泉窑青瓷。1959~1960年，浙江省文物管理委员会组成龙泉窑调查发掘组，对龙泉古代瓷窑进行了反复的调查，并对大窑和金村两个地方的数处窑址进行了发掘。1960年大窑杉树连山窑址的发掘是龙泉窑最早建立在地层学基础上的科学发掘，从此开始了真正的龙泉窑田野考古发掘活动[2]。1963年，朱伯谦和王士伦先生发表了《浙江省龙泉青瓷窑址调查发掘的主要收获》[3]一文，概括了龙泉窑各时期的产品特征、窑炉作坊和装烧技术等内容，事实上首次对古代龙泉窑产品进行了分期断代研究，奠定了龙泉窑分期断代研究的基础。1966年，由浙江省轻工业厅、浙江省文物管理委员会和故宫博物院合编的《龙泉青瓷》图录出版，其前言中对龙泉窑的发展历程进行了简要的分期叙述，书中收录了大量馆藏龙泉窑青瓷精品，这是第一部建立在分期断代研究基础上的图录，几乎涵盖了各时代的龙泉窑青瓷精品。在上述研究的基础上，1989年出版《龙泉青瓷研究》论文集[4]，这是第一部从考古、艺术、科技等角度全面研究龙泉窑青瓷的论文集，其中朱伯谦先生的《龙泉大窑古瓷窑遗址发掘报告》和张翔先生的《龙泉金村古瓷窑址调查发掘报告》，分别对大窑和金村两地科学发掘所得按地层进行了分期研究。

20世纪70~80年代，国家在丽水地区云和县龙门隘口修建紧水滩水力发电站。1974年，考古人员对水库淹没区内的瓷窑址进行普查，发现龙泉窑窑址近200处。1979~1981年，国家文物事业管理局组织中国社会科学院考古研究所、中国历史博物馆、故宫博物院、上海博物馆、浙江省博物馆和浙江省文物考古研究所共同组成紧水滩工程考古队，分组、分地区的对水库淹没区内的古窑址进行调查、发掘，主要发掘地点有山头窑、大白岸[5]、安仁口[6]、安福[7]、上严儿[8]和源口林场[9]等，揭露了几处窑炉和工场遗迹，出土了大量宋代至明代的龙泉窑青瓷标本。通过在这些地区的考古发掘工作，相对于龙泉大窑、金村、溪口等窑区，提出了龙泉窑东区的概念，对该地区产品类型及器物演变、窑场布局有了较为深入的认识。2005年6月，浙江省文物考古研究所编《龙泉东区窑址发掘报告》[10]一书出版，对以上一系列发掘成果作出重要总结。这些报告通过类型学的科学方法详细介绍发掘所得，是龙泉青瓷分期研究和区域性研究的重要成果。

2006~2007年，浙江省文物考古研究所、北京大学考古文博学院、龙泉青瓷博物馆联合对大

[1] 徐家珍：《宋龙泉窑的青瓷》，《文物周刊》第41期。
[2] 当时对溪口窑址也进行了调查和小规模的试掘（参见金祖明《龙泉溪口青瓷窑址调查纪略》，《考古》1962年第10期）。
[3] 朱伯谦、王士伦：《浙江省龙泉青瓷窑址调查发掘的主要收获》，《文物》1963年第1期。
[4] 浙江省轻工业厅编：《龙泉青瓷研究》，文物出版社，1989年。
[5] 紧水滩工程考古队浙江组：《山头窑与大白岸——龙泉东区窑址发掘报告之一》，《浙江省文物考古研究所学刊》，文物出版社，1981年。
[6] 上海博物馆考古部：《浙江龙泉安仁口古瓷窑址发掘报告》，《上海博物馆集刊（第三期）》，上海古籍出版社，1986年。
[7] 中国社会科学院考古研究所浙江工作队：《浙江龙泉县安福龙泉窑址发掘简报》，《考古》1981年第6期。
[8] 中国历史博物馆考古部：《浙江龙泉青瓷上严儿村窑址发掘报告》，《中国历史博物馆馆刊》总第8期，1986年。
[9] 任世龙：《浙江瓷窑址考古十年论述》，《浙江省文物考古研究所学刊——建所十周年纪念（1980~1990）》，科学出版社，1993年。
[10] 浙江省文物考古研究所编：《龙泉东区窑址发掘报告》，文物出版社，2005年。

窑枫洞岩窑址进行了发掘，揭露出大规模的生产作坊遗迹，出土了数十吨计的瓷片，其烧成年代主要为元、明时期，出土物中包括大量具有"官器"特征的器物残片。这批从明确有纪年的地层中出土的遗物，为龙泉窑的元、明分期断代研究提供了丰富的实物资料。2009 年出版了《龙泉大窑枫洞岩窑址出土瓷器》[1]，2015 年出版了《龙泉大窑枫洞岩窑址》[2]，发表了出土的部分瓷器和初步的研究成果。

2013~2014 年，浙江省文物考古研究所对包括庆元上垟地区在内的金村窑址群进行了全面系统的调查试掘，于 2019 年出版了《龙泉金村窑址群——2013~2014 年调查试掘报告》[3]，详细介绍了金村窑址群调查试掘资料，并发表了分期断代成果。该书中也详细介绍了金村地区历年来的考古发掘和调查历史。

二、历年来龙泉窑分期断代研究成果

系统的龙泉窑分期断代研究的学术成果主要有《中国陶瓷史》[4]、《龙泉窑青瓷》[5]、《龙泉青瓷的类型与分期试论》[6]、《龙泉东区窑址发掘报告》、《龙泉大窑枫洞岩窑址出土瓷器》、《龙泉大窑枫洞岩窑址》、《龙泉金村窑址群——2013~2014 年调查试掘报告》等。

在考古发掘的基础上，朱伯谦先生在《龙泉窑青瓷》图录前言和《龙泉青瓷发展简史》中系统阐述了龙泉窑发展始末，并进行了科学的分期断代研究。朱先生指出龙泉窑"始于南朝，结束于清代，是我国制瓷历史最长，影响深远的一个瓷窑体系。在长达一千几百年的瓷业史上，大致说来，南朝至北宋时期属于开创阶段。此时的龙泉瓷业规模不大，处于就地销售的小规模生产状态，发展相当缓慢，南宋前期是龙泉瓷业迅速发展的时期，新的制瓷作坊不断涌现，产品有显著的变化，具有自己的独特风格，成为国内外的畅销品，龙泉瓷业出现了欣欣向荣的局面。南宋后期至元代是它的鼎盛时期，特别是南宋后期，青瓷制作工艺有了很大的改进和提高，大量地生产器形优雅、瓷胎洁白、釉层丰厚如美玉的瓷器，把青瓷的工艺技术提到前所未有的高度，致使龙泉窑名闻中外。到明代，龙泉瓷业逐渐衰落，产品渐趋厚重，釉色灰暗，到清代终于陷入绝境而停烧"。先生将龙泉窑青瓷分为北宋时期、南宋前期、南宋后期至元代、明代、清代的具体分期断代方法建立在考古发掘材料的基础上，奠定了龙泉窑青瓷分期断代的基础。

任世龙先生在中国考古学会第三次年会上发表《龙泉青瓷的类型与分期试论》一文，通过研究山头窑和大白岸等窑址出土的青瓷，对南宋至元代的龙泉青瓷进行分期。文章中提出了"两路、三类、六期"的认识架构，并提出了龙泉窑区域性类型分析和瓷业文化层次分析的思路。两路是

［1］浙江省文物考古研究所、北京大学考古文博学院、龙泉青瓷博物馆编：《龙泉大窑枫洞岩窑址出土瓷器》，文物出版社，2009 年。
［2］浙江省文物考古研究所、北京大学考古文博学院、龙泉青瓷博物馆编著：《龙泉大窑枫洞岩窑址》，文物出版社，2015 年。
［3］浙江省文物考古研究所、龙泉青瓷博物馆编著：《龙泉金村窑址群——2013~2014 年调查试掘报告》，文物出版社，2019 年。
［4］中国硅酸盐学会编：《中国陶瓷史》，文物出版社，1982 年。
［5］朱伯谦：《龙泉窑青瓷》，艺术家出版社，1998 年。朱先生曾数十次到龙泉窑遗址考察，厘清了龙泉窑五代至清的分期。
［6］任世龙：《龙泉青瓷的类型与分期试论》，《中国考古学会第三次年会论文集（1981）》，文物出版社，1984 年，第 121~127 页。经过 20 世纪 60 年代和 70 年代末对龙泉东区的几次考古发掘，于龙泉地区积累了丰富的堆积层位关系，在此基础上，该文将龙泉青瓷总体上划分为厚胎薄釉刻划花和薄胎厚釉两个类型，将龙泉窑制瓷历史过程划分为 6 个阶段，认为南宋中期以后出现厚胎薄釉和薄胎厚釉两路平行共生，一直延续到元代中期以后。

指白胎青瓷和黑胎青瓷两路；三类是指白胎青瓷中又可分为薄胎厚釉和厚胎薄釉两类，加上黑胎青瓷类为三类；六期则是将龙泉青瓷的发展延续分成六大期，即第一期五代至北宋早期，第二期北宋中晚期，第三期两宋之际到南宋中期，第四期南宋中期至元代早期，第五期元代中期到明代早期或稍晚，第六期明代中期。

《龙泉东区窑址发掘报告》根据大白岸、山头窑和源口 3 个窑区发掘获取的实物资料，按照造型、纹饰、釉色和胎质等方面的不同，将各类产品划分为四期八段，其中第一期为北宋晚期和末期两段，第二期为南宋早期、中晚期、末期三段，第三期为元代中期和元代晚期至末期两段，第四期为明代中期。该分期成果基本阐明了龙泉窑东区青瓷的发展变化，各期之间具有相对明显的区别特征。

《龙泉大窑枫洞岩窑址出土瓷器》图录及《龙泉大窑枫洞岩窑址》发掘报告中，将枫洞岩窑址出土瓷器分为四期，即南宋晚期至元代早期、元代中晚期、明代早期和明代中期。其中明代早期主要包括洪武、永乐两朝，明中期主要包括正统、成化两朝。出土的明代早期官器可以明确分为洪武官器和永乐官器两个阶段。该分期成果发现并填补了明代龙泉窑青瓷的分期。枫洞岩窑址南宋晚期至元代早期的产品与龙泉东区的同期产品有较为明显的区别。

《龙泉金村窑址群——2013~2014 年调查试掘报告》详细介绍了金村窑址群的调查试掘情况，将出土文物与北宋越窑进行了比较研究，从而得出分期断代成果，共分为九期，分别为北宋早中期的一期、二期，北宋中晚期的一期、二期，南宋早期，南宋中期，南宋晚期，元代早期，元代晚期至明代。报告中还明确了南宋晚期龙泉窑粗、精瓷产品共存的现象。

三、逐渐明朗的龙泉窑分期

通过历年来的分期探索，在任世龙先生"两路、三类、六期"认识架构的基础上，综合前文对龙泉窑黑胎青瓷的认识，龙泉窑分期问题逐渐深化、逐渐明朗。

北宋至南宋早期可以参照金村窑址群的分期，共分为五期。

南宋中期之后的龙泉窑可分为粗、精两系，即民用瓷系和精品瓷系。

民用瓷系即具有地方特色的传统龙泉窑，参照金村窑址群和东区窑址的分期，结合枫洞岩窑址的发掘成果，南宋中期至明代可分为六期，即南宋中期、南宋晚期、元代早期、元代中期、元代晚期至明代早期、明代中期。

精品瓷系即借鉴官窑工艺生产的精品龙泉窑，按瓦窑垟窑址、瓦窑路窑址和枫洞岩窑址等窑址的调查发掘成果看，可分为黑胎类型和白胎类型两路产品类型。

精品瓷系黑胎类型，目前仅在瓦窑路窑址和瓦窑垟窑址有明确的考古发掘收获，产品主要可见 3 种风格，年代都在南宋中期或偏早。

精品瓷系白胎类型，年代为南宋中晚期到元代早期，未能细致分期。这类瓷器在元代中期转化为民用瓷系，多用于外销，最具代表性的是盏、盒、瓶等小型器类。

另外，龙泉窑青瓷还包括枫洞岩窑址官器类型，应该是由元代晚期龙泉窑精品瓷系发展而来，可分为明代初期洪武期和永乐期。

四、龙泉窑分期中尚待考古发掘解决的问题

1）南宋中期或偏早的精品瓷系黑胎类型，即瓦窑垟窑址分期第三组，认识仍比较片面，缺乏较全面的地层学依据。

2）南宋中晚期到元代早期的精品瓷系白胎类型的分期问题，缺乏地层学依据。

3）元代中晚期的精品瓷系白胎类型缺乏地层学依据，所见多为窖藏、遗址、沉船等出土。

4）元代民用瓷系青瓷的分期还需要更多地层学依据来明确，特别是民用瓷系中所见的黑胎青瓷面貌仍是冰山一角。

第二节　浅谈龙泉窑黑胎青瓷与"哥窑"问题

瓦窑路窑址和瓦窑垟窑址 Y3 出土的黑胎青瓷是否和传说中的"哥窑"有关系呢？自发掘以来，多有讨论。

哥窑在古代文献中记载不详。宋代文献无记载。元代有"哥哥洞窑""哥哥窑"的记载，但对此文献也有多种解读。明代以后的文献记载和传说多数将"哥窑"指向龙泉。文献记载和传说都具有一定的模糊性，所以引发的观点大相径庭，在此不一一叙及。文献解决不了的问题，只有期待通过考古手段解决。

南宋中期后的龙泉窑青瓷类型可以分为民用瓷系和精品瓷系，即分为北宋以来传统龙泉窑青瓷类型和南宋中期到元代早期受官窑影响后形成的龙泉窑青瓷类型区分研究。以"开禧"年 S 形纹厚胎薄釉敞口碗为代表的厚胎薄釉、外底垫烧的民用瓷系工艺风格，龙泉窑东区窑址以及其他地区龙泉窑系的窑址在南宋中晚期仍在烧制[1]。而在龙泉窑的中心产区，由生产与官窑相近的黑胎器开始发生了工艺变革，逐渐发展为以粉青凝厚釉莲瓣纹碗为代表的薄胎厚釉、窄圈足、足端垫烧的精品瓷系工艺风格，并且一直延续到元代早期。从各地元代窖藏、遗址、墓葬等出土的龙泉窑青瓷来看，元代产品应也有精品和民用的区分，有待考古发掘进一步完善认识。但无论是民用瓷系还是精品瓷系，均与传说中的"哥窑"并无关联。

通过对瓦窑垟窑址 Y3 和 Y5 以及溪口片窑址调查试掘出土青瓷的整理研究，我们发现之前对瓦窑路窑址是唯一烧造碎小开片纹络玻璃质厚釉的黑胎青瓷窑场的认识是错误的[2]。此种片纹风格的黑胎青瓷并不只有瓦窑路窑址烧造，瓦窑垟 Y3 同样专门烧造，在溪口片区的枫树湾口窑址也发现了一件此种风格的残片。所以，此种片纹风格的黑胎青瓷是有多处窑场烧造的。龙泉窑黑胎青瓷可能都是在白胎青瓷的窑场内兼烧[3]的认识也是不全面的。从瓦窑垟窑址的窑炉叠压

[1] 龙泉金村南宋晚期地层发现薄胎厚釉、足端刮釉垫烧产品和厚胎薄釉、外底垫饼垫烧两种类型的青瓷产品共存。见浙江省文物考古研究所、龙泉青瓷博物馆编：《龙泉金村窑址群——2013~2014 年调查试掘报告》，文物出版社，2019 年，第 453 页。
[2] 《浙江龙泉小梅瓦窑路南宋窑址发掘简报》（《文物》2022 年第 7 期）中认为瓦窑路窑址的黑胎青瓷具有唯一性是当时片面的认识，在此予以纠正。
[3] 以前的认识建立在窑址调查的基础上，在同时发现黑胎青瓷和白胎青瓷的窑场中，未经发掘就无法明确两者是同窑烧造的还是在某一阶段单独烧造黑胎青瓷。

关系，以及瓦窑路窑址专烧黑胎青瓷的情况看，至少在南宋中期，即 12 世纪末到 13 世纪初，龙泉窑黑胎青瓷有专烧的窑场。而南宋中期到元代早期的黑胎青瓷是否有专烧的窑场尚待考古发掘来明确。瓦窑垟窑址的发掘基本证实元代的黑胎青瓷有兼烧的现象。瓦窑路窑址和瓦窑垟窑址 Y3 生产的碎小开片纹络玻璃质厚釉黑胎青瓷，其风格和以前所认识的龙泉窑黑胎青瓷（瓦窑垟第三组青瓷类型）在胎、釉方面极其相似，都为薄胎，都为玻璃质厚釉，但是也有很大的不同，如片纹风格不同、釉层中所含气泡外观也不同。

需要关注讨论的是，瓦窑路窑址及瓦窑垟窑址 Y3 出土的玻璃质釉是薄釉还是厚釉？相对于粉青凝厚釉而言，玻璃质釉确实是薄一些，但是相对于灰白胎的厚胎薄釉而言，其实釉层也是厚的。而且此种风格的青瓷一般口部釉薄，碎小片纹密集；底部积釉厚，片纹大而疏。所以以前简单认为玻璃质釉为薄釉是不全面的，从釉层对比的角度，应与厚胎薄釉的区别优先，故应理解为厚釉，而非薄釉[1]。其与杭州老虎洞窑址中黑胎薄釉青瓷的薄釉认识也略有区别[2]。

值得注意的是，瓦窑垟窑址的 Y3 和 Y5 明确了两种片纹风格黑胎青瓷的早晚关系，而瓦窑路窑址的碎小开片纹络玻璃质厚釉黑胎类型和凝厚粉青釉类型共存，和厚胎薄釉类型共存，唯独不见与瓦窑垟第三组遗存的黑胎类型共存。当然，两处窑址所含信息都不甚全面，但确实可能印证了这两种风格的早晚关系。如此，瓦窑路窑址的建造年代可能稍晚于瓦窑垟窑址 Y5 的建造年代。

元代以后的龙泉窑也烧造黑胎青瓷，生产大众化的高足杯之类的产品，与各种"哥窑"器物器形差别很大，所以也不可能是传说中的"哥窑"。

综合瓦窑垟窑址和瓦窑路窑址出土黑胎青瓷的认识，南宋中期前后的龙泉窑黑胎青瓷明显有三种风格，且应有先后关系，即瓦窑垟第三组黑胎青瓷类型最早，然后是瓦窑垟第四组暨瓦窑路碎小开片纹络青瓷类型，最后是瓦窑路粉青凝厚釉青瓷类型。其中瓦窑垟第三组的龙泉窑黑胎青瓷类型就是以前研究所认为的"类官窑"或者"仿官窑"的青瓷类型，有"龙泉哥窑"的说法。无论从年代的早晚还是器物类型的比较来看，南宋官窑的黑胎青瓷传承自北宋汝官窑，而以瓦窑垟窑址第三组为代表的龙泉窑黑胎青瓷类型并非直接传承自北宋汝官窑，而是与郊坛下官窑晚期和老虎洞官窑晚期的某些器形相近，年代也相近。所以，"类官"和"仿官"的说法都是说得通的，龙泉窑的黑胎青瓷类型不可能先于南宋郊坛下官窑和修内司官窑产生，但有可能在装烧方式和釉料配方等方面对官窑有些许反哺影响，而"龙泉哥窑"的说法有待商榷。

瓦窑垟第四组以及瓦窑路窑址的碎小开片纹络玻璃质厚釉黑胎青瓷，以前虽有看到，如 1966 年出版的《龙泉青瓷》[3]图录中，图版 33 的青瓷莲瓣纹盖罐（盖碗）明显就是此种风格，但并未与瓦窑垟第三组的青瓷类型区分出来。瓦窑路窑址的新发现，形成了"哥窑"研究新的认识。此种风格的青瓷类型，与杭州老虎洞窑址晚期产品器形相近、风格不同，与故宫博物院所藏的"传世哥窑"以及以瓦窑垟窑址 Y5 出土为代表的瓦窑垟第三组黑胎青瓷（"龙泉哥窑"）风格也有区别。

---

[1]《浙江龙泉小梅瓦窑路南宋窑址发掘简报》（《文物》2022 年第 7 期）中认为瓦窑路窑址的薄胎玻璃质釉黑胎青瓷为薄釉是不全面的认识，在此予以纠正。现在我们认为，瓦窑路窑址的薄胎玻璃质釉黑胎青瓷的釉为厚釉。
[2] 唐俊杰：《南宋郊坛下官窑与老虎洞官窑的比较研究》，《南宋官窑文集》，文物出版社，2004 年，第 177 页。
[3] 浙江省轻工业厅、浙江省文物管理委员会、故宫博物院编：《龙泉青瓷》，文物出版社，1966 年。

从字面上解读，比较符合明代陆琛《春风堂随笔》"哥窑，浅白断纹，号百圾碎"的特征描述。因此提出了"明人文献中记载的哥窑"这一目前被国内外专家所接受的概念，以示与"传世哥窑"和"龙泉哥窑"概念的区别。

笔者以为，"哥窑"问题一直众说纷纭、悬而未决的原因，在于对文献解读的分歧，在于对"哥窑"特征描述的多样性，在于"官哥不分"的复杂性。有"紫口铁足、金丝铁线"的"传世哥窑"（故宫博物院藏品等），有"绝类古官窑"的"龙泉哥窑"（以瓦窑垟窑址第三组特征为代表的龙泉窑黑胎青瓷），现在又有"浅白断纹，号百圾碎"的"明人文献中记载的哥窑"（瓦窑路窑址和瓦窑垟窑址第四组特征），但这三种"哥窑"的具体特征确又有着较大的差别。

综上所述，瓦窑路窑址和瓦窑垟窑址出土的黑胎青瓷，既丰富了龙泉窑黑胎青瓷的内涵，又增添了龙泉窑黑胎青瓷与官窑、哥窑关系研究的复杂性。

沿用任世龙先生的一段话作为本文的结语："龙泉厚釉青瓷是在南宋官窑的直接影响下产生，而又深深地根植于龙泉乡土之中，不应该视为对南宋官窑简单模仿的赝品。"[1]笔者以为，任先生的这段话尚不能完整反映龙泉厚釉青瓷和官窑的关系。龙泉厚釉青瓷，特别是黑胎厚釉青瓷，不仅不是官窑的赝品，也不仅根植于龙泉乡土之中，还有反哺给官窑的影响，它们之间是相互影响的关系，你中有我，我中有你。瓦窑路窑址和瓦窑垟窑址，隐晦而又复杂地述说着它们之间的关系。

---

[1] 任世龙：《龙泉青瓷的类型与分期试论》，《中国考古学会第三次年会论文集（1981）》，文物出版社，1984年。

附　表

附表 1　瓦窑垟窑址瓷器分期表

器形	北宋晚期到南宋早期 民用瓷系一期 第一组	南宋中晚期 民用瓷系二期 第二组	南宋中期 精品瓷系一期 第三组	南宋中期 精品瓷系二期 第四组	南宋中晚期到元早期 精品瓷系三期 第五组	元中晚期 民用瓷系第三期 第六组
碗	BⅠ	AⅠ、BⅡ	Ca		AⅡ、Cb	AⅢ、BⅢ
盏			Fa	Fb	A、BⅠ、BⅡ、DⅠ、EⅠ、Fc	BⅢ、C、DⅡ、EⅡ、G
盅						A、B
盘		CbⅠ	Ba、Ca、F	Aa、Da	Ab、Bb、CbⅡ、Db	CbⅢ、E、G
洗				C	A、B	D
杯			B	A		
碟				Aa	Ab	B
钵		钵				
盏托						盏托
高足杯					Aa、Ab、Ac、B	
罐					Aa、Ab、Ac、Ad、B、C	
壶					Aa、Ab、B	
盒			BⅠ			Aa、Ab、BⅡ
器盖			AbⅠ、BaⅠ、CaⅠ	Ac	Aa、AbⅡ、BaⅡ、Bb、CaⅡ、D	AbⅢ、BaⅢ、CaⅢ、Cb、Cc
瓶			A、B、Da	A、E	C、F	G
瓿				B	A、C	
尊			尊			
炉			Bb		Ba、D、E	Aa、Ab、Ac、C
灯				A	B	
滴管				A	B	
鸟食罐						A、B
鸟食碟			A		B、C	
器座						镂空器座

附表 2　溪口片窑址瓷器类型一览表

（参照瓦窑垟窑址分型分式）

窑址	北宋中晚期到南宋早期灰白胎民用瓷系	南宋中晚期灰白胎民用瓷系	南宋中期黑胎精品瓷系	南宋中期黑胎精品瓷系	南宋中晚期至元代早期灰白胎精品瓷系	元代中晚期灰白胎民用瓷系
	瓦窑垟第一组	瓦窑垟第二组	瓦窑垟第三组	瓦窑垟第四组	瓦窑垟第五组	瓦窑垟第六组
瓦窑垟	BⅠ碗	AⅠ、BⅡ碗，CbⅠ盘，钵	Ca碗，Fa盏，Ba、Ca、F盘，B杯，BⅠ盒，AbⅠ、BaⅠ、CaⅠ盖，A、B、Da瓶，Bb炉，A鸟食碟，尊	Fb盏，Aa、Da盘，C洗，A杯，Aa碟，Ac盖，A、E瓶，B瓿，A灯，A滴管	AⅡ、Cb碗，A、BⅠ、BⅡ、DⅠ、EⅠ、Fc盏，Ab、Bb、CbⅡ、Db盘，A、B洗，Ab碟，Aa、AbⅡ、BaⅡ、Bb、CaⅡ、D盖，C、F瓶，A、C瓿，Ba、D、E炉，B灯，B滴管，B、C鸟食碟	AⅢ、BⅢ碗，BⅢ、C、DⅡ、EⅡ、G盏，A、B盅，CbⅢ、E、G盘，D洗，B碟，盏托，Aa、Ab、Ac、B高足杯，Aa、Ab、Ac、Ad、B、C罐，Aa、Ab、B壶，Aa、Ab、BⅡ盒，AbⅢ、BaⅢ、CaⅢ、Cb、Cc盖，G瓶，Aa、Ab、Ac、C炉，A、B鸟食罐，镂空器座
傀儡垱 TG1	BⅠ碗				BⅠ、BⅡ、EⅠ、Fc盏，B洗，AbⅡ盖，C瓶，Ba炉、B灯等	Ab高足杯，A、C罐，Ab壶，BⅡ盒、CaⅢ、Cc盖，H、G瓶，C炉，B鸟食罐等
傀儡垱 TG10					BⅠ、BⅡ、EⅠ、Fc盏，葵口折腹盘，B洗，C瓶，Ba炉、B灯，尊等	B盅，BⅡ盒，CaⅢ、Cc盖，H、G瓶，A鸟食罐等
社基垱 TG2	BⅠ碗				BⅠ、BⅡ、EⅠ盏，A洗，BaⅡ盖、B滴管等	BⅢ、EⅡ、G盏，Aa、Ac高足杯，BⅡ盒，CaⅢ、Cc盖，C炉等
夫人殿垱 TG3					莲瓣纹碗，BⅡ、EⅠ盏，A洗，C瓶，B滴管等	菊瓣纹凹折沿盘，A、B高足杯，A罐，A壶，BⅡ盒，CaⅢ、Cc盖，C炉，B鸟食罐等
谷下坑 TG4					莲瓣纹碗，BⅠ、BⅡ、EⅠ盏，八方盘、菱口盘，B洗，带把杯，Ba炉，C瓶	BⅢ、EⅡ盏，A高足杯，A罐，粉盒，CaⅢ盖，H瓶，C炉等
谷下坑 TG5						BⅢ、DⅡ、EⅡ盏，B盅，A罐等
谷下坑 TG6		内壁刻划花盏			BⅠ、BⅡ、EⅠ盏，菱口折沿盘，A洗，C瓶等	高足杯，A罐，A壶，BⅡ盒，C盖、饼底蹄形足炉等
金罐 TG7		AⅠ、BⅡ碗，S形纹碗，CbⅠ盘等	碗		BⅠ、EⅠ盏，Ab盘，B洗等	D洗、A罐、BaⅢ盖、琮式瓶等

续附表 2

窑址	北宋中晚期到南宋早期灰白胎民用瓷系	南宋中晚期灰白胎民用瓷系	南宋中期黑胎精品瓷系	南宋中期黑胎精品瓷系	南宋中晚期至元代早期灰白胎精品瓷系	元代中晚期灰白胎民用瓷系
	瓦窑垟第一组	瓦窑垟第二组	瓦窑垟第三组	瓦窑垟第四组	瓦窑垟第五组	瓦窑垟第六组
枫树塆口 TG8			八方盏	葵口盘，花式圈足瓶	BⅠ、EⅠ盏，B洗，盘口瓶、C瓶，鬲式炉等	BⅢ碗，BⅢ盏，A罐，A壶，BⅡ盒，BaⅢ盖等
高山儿 TG9					Fc盏、CbⅡ盘、葵口折腹盘，B洗等	BⅢ、EⅡ盏，D洗，A罐等
瓦窑洞 TG11					EⅠ盏，Ab盘	BⅢ、EⅡ盏，高足杯，A罐，G瓶，C炉等
大磨涧边 TG12			A瓶，Ca盘		A、BⅠ盏，B洗等	EⅡ盏，A高足杯，BaⅢ、Cc盖等
棉田 TG1					双线莲瓣纹碗，BⅢ、DⅡ、EⅡ盏，A洗，A、C罐，B壶，BⅡ盒，CaⅢ、Cc盖，G瓶，C炉，A鸟食罐等（可能介于二组之间，属元代早期）	

ABSTRACT

Longquan Xikou Wayaoyang kiln site and Xiaomei Town Wayaolu kiln site are respectively located in Xikou district which is the main production area, and Dayao district which is the central production area of Longquan Kiln. The excavation of Wayaoyang kiln site revealed two kiln remains belonging to the Song and Yuan dynasties. The periodization and dating work, along with the study of the production property of Longquan Kiln in the Song and Yuan dynasties can be done through the fragments of black-bodied celadon and white-bodied celadon unearthed. The excavation of Wayaolu kiln site revealed remains of kilns and ash pits belonging to the mid Southern Song dynasty. The coexistence phenomenon of the two styles and two kinds of glazed celadon products of Longquan Kiln in the mid Southern Song dynasty, along with the property of the products can be studied through more than 200 black-bodied celadon products and a small amount of white-bodied celadon products unearthed. Black-bodied celadon of vitric-thick-glazed style and with delicate cracked pattern were excavated from both kiln sites, which is a new discovery in the study of black-bodied celadon, and provides a new direction for the study of black-bodied celadon of Longquan Kiln.

后　记

　　瓦窑路窑址发掘领队为浙江省文物考古研究所研究员徐军，参与发掘和整理人员有原浙江省文物考古研究所研究员、现复旦大学教授沈岳明、郑建明，龙泉青瓷博物馆胡小平、周光贵、吴涛涛，考古技工李玲巧、齐东林等。在此特别感谢龙泉市原副市长罗诗兰，感谢小梅镇党委、镇政府领导以及相关工作人员，也感谢小梅小学、龙泉青瓷博物馆的领导和工作人员，正是在他们的努力下，瓦窑路窑址的发掘工作才得以顺利开展。

　　瓦窑垟窑址发掘领队为原浙江省文物考古研究所研究员、现复旦大学教授沈岳明。

　　本文第一章、第二章、第四章由浙江省文物考古研究所研究员徐军撰写，第三章由浙江省文物考古研究所祝利英撰写。瓦窑路器物照片由李永嘉拍摄，遗迹照片由徐军拍摄，遗迹和器物图由齐东林绘制、程爱兰清绘。瓦窑垟窑址遗迹照片由徐军拍摄，齐东林绘图，徐军 CAD 电脑清绘；器物图由易晓玲、黄超绘制，黄超、徐军 CAD 电脑清绘。溪口其他窑址遗迹和器物照片由徐军拍摄。

　　英文提要由南开大学历史学院考古学与博物馆学系王音翻译。

　　考古研究的过程在于不断发现和更新认识，发表于《文物》2022 年第 7 期的《浙江龙泉小梅瓦窑路南宋窑址发掘简报》，是十多年前的认识。本报告将对碎小开片纹络玻璃质釉为薄釉的认识更改为厚釉，将对瓦窑路窑址是唯一烧造碎小开片纹络玻璃质釉窑址的认识更改为非唯一性（瓦窑垟窑址在同时期也有专烧此种风格青瓷的窑场，在枫树墺口窑址也发现了此种风格的青瓷残片）。特此说明。